MAR CANTÁBRICO
FRANCIA
OCÉANO ATLÁNTICO
PORTUGAL
La Coruña
Santiago de Compostela
Lugo
Galicia
Pontevedra
Orense
Asturias
Oviedo
Cantabria
Santander
País Vasco
Bilbao
San Sebastián
Vitoria
Pamplona
Navarra
León
Castilla-León
Burgos
Logroño
La Rioja
Palencia
Huesca
Zamora
Valladolid
Soria
Zaragoza
Gerona
Cataluña
Aragón
Lérida
Barcelona
Salamanca
Segovia
Ávila
Madrid
Guadalajara
Tarragona
Teruel
Cáceres
Toledo
Extremadura
Castilla - La Mancha
Cuenca
Comunidad Valenciana
Castellón de la Plana
Badajoz
Mérida
Ciudad Real
Albacete
Valencia
Palma de Mallorca
Islas Baleares
Córdoba
Jaén
Alicante
Huelva
Sevilla
Andalucía
Murcia
Murcia
Granada
Cádiz
Málaga
Almería
ESPAÑA
Ceuta
Melilla
MARRUECOS
Islas Canarias
Las Palmas de Gran Canaria
ARGELIA
MAR MEDITERRÁNEO
● Capital de autonomía
• Capital de provincia
MARRUECOS
0 150 km

MAR CANTÁBRICO
OCÉANO ATLÁNTICO
PICOS DE EUROPA 2 642 M
CORDILLERA CANTÁBRICA
MIÑO
SIERRA DE LA CABRERA
PIRINEOS
EBRO
DUERO
MONTES IBÉRICOS
SIERRA DE GUADARRAMA
PORTUGAL
SIERRA DE GATA
SIERRA DE GREDOS
TAJO
GUADIANA
JÚCAR
Islas Baleares
SIERRA MORENA
GUADALQUIVIR
SEGURA
MULHACÉN 3 482 M
CORDILLERA BÉTICA
SIERRA NEVADA
Islas Canarias
Santa Cruz de Tenerife
Las Palmas de Gran Canaria
MAR MEDITERRÁNEO
MARRUECOS
0 150 km

COLLEGE HENRY de MONTHERLANT
125 - 127, rue de Paris
B.P. 40
60530 NEUILLY-EN-THELLE
Tél. 03.44.26.67.64 - Fax 03.44.26.96.70

Cuenta conmigo

ESPAGNOL • PREMIÈRE ANNÉE

Valérie Laluque
Professeur au Collège Penne d'Agenais

Ana María Palomo Delfa
Professeur à l'École active bilingue de Paris

Marisa Vicente Luelmo
Diplômée de l'École Normale de Madrid

Avec la collaboration de

Jean Congar
Professeur au Collège
et Lycée Saint-Gabriel de Pont l'Abbé

HATIER

PRÉFACE

Tu vas apprendre cette année une nouvelle langue, découvrir des mots et des sonorités que tu ne connais pas. Mais une langue, ce n'est pas seulement des mots, c'est aussi une façon de vivre et de penser. Tu vas apprendre à connaître un autre monde, d'autres cultures. D'autres cultures au pluriel, car l'espagnol n'est pas parlé qu'en Espagne, la majorité des pays de l'Amérique latine (environ 300 millions de personnes) l'emploient et l'enrichissent chaque jour.

Apprendre l'espagnol, savoir comprendre et communiquer t'offrira la chance d'apprécier des cultures qui ressemblent parfois à la nôtre, mais qui sont aussi différentes. Approcher la diversité culturelle te permettra de nourrir tes connaissances et ta réflexion.

Cuenta conmigo t'accompagnera tout au long de cette première année. Les thèmes abordés ont été choisis parce qu'ils correspondent aux centres d'intérêt des jeunes de ton âge. Les différents types de documents (BD, publicités, photos, textes, poèmes, tableaux, documents sonores, chansons…) sont autant d'approches différentes des cultures hispaniques. Les éléments de vocabulaire et de grammaire suivent une progression établie avec soin pour te donner, petit à petit, les outils nécessaires pour comprendre et t'exprimer correctement. L'importance accordée à la prononciation te permettra de prendre la parole avec assurance. Et bien sûr, tu trouveras des activités qui te permettront d'apprendre tout en t'amusant.

Cuenta conmigo et ton professeur t'accompagneront dans ta découverte de ce nouveau monde.
A toi l'aventure !

Les auteurs

UTILISATION DU MANUEL

LECCIÓN
Un document par page conçu pour être travaillé dans l'heure de cours, avec un point de grammaire et un ou deux exercices d'application

Para decirlo
Aide lexicale nécessaire à l'exploitation du document

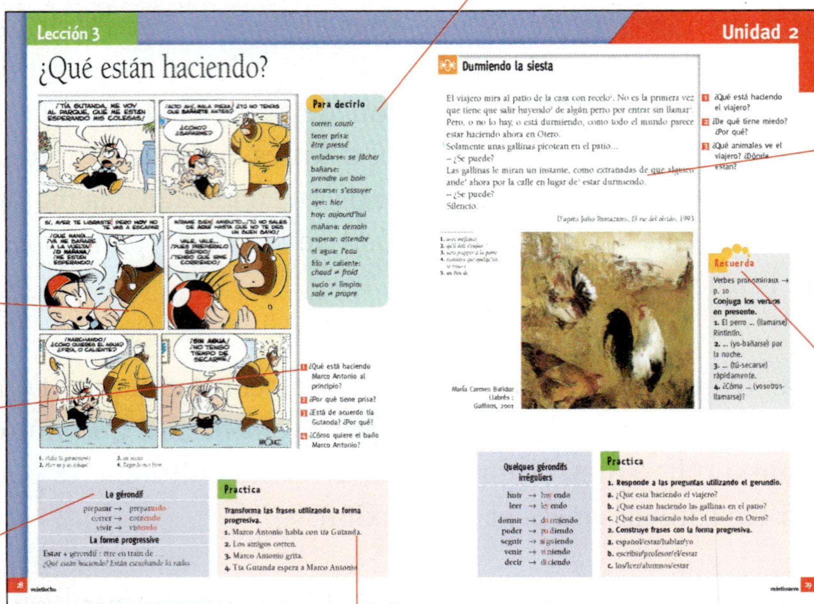

Document à étudier

Questions de compréhension

Développement du point de grammaire de la page

Texte à étudier

Recuerda
Rebrassage des points de grammaire étudiés dans les unités précédentes

Practica
Exercices d'application

Para decirlo
Aide lexicale pour impulser le commentaire

AFÍRMATE
Cette double page a pour objectif la réaffirmation des acquis à partir de nouveaux documents

Con método
Des mini-fiches méthodologiques pour initier l'élève au commentaire de documents

Questions de compréhension

DESCUBRE
Présentation type magazine d'un point de civilisation du monde hispanique actuel

Activité de compréhension

Escucha
Activités de compréhension orale

www
Suggestions de recherche sur Internet

RECUERDA Y PRACTICA
Bilan grammatical de l'unité

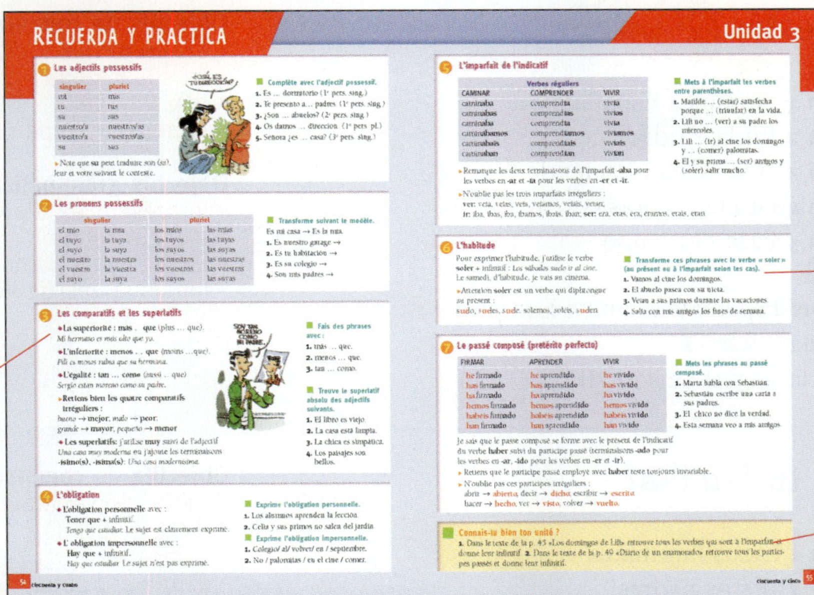

Rappel des règles de grammaire

Exercices d'application

Connais-tu bien ton unité ?
Exercices de repérage sur l'ensemble de l'unité

Escucha y entrénate
Activités phonétiques, "trabalenguas" et chansons

Recuerda las palabras
Rebrassage du lexique de l'unité

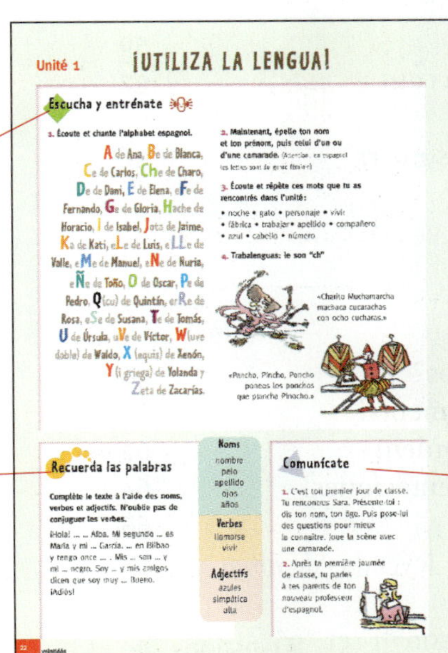

¡UTILIZA LA LENGUA!
Page ludique centrée sur l'écoute et la communication

Comunícate
Activités de communication : production orale

SOMMAIRE

1 ¡Así somos!

Lección 1 Primer contacto 10
Lección 2 ¡Soy yo! 12
Lección 3 ¿Cómo eres? 14
Afírmate 16
Descubre *¿Conoces a la familia real?* 18
Recuerda y practica 20
¡Utiliza la lengua! Le son “ch” 22

Objectifs de communication
- saluer, se présenter
- demander ou préciser l'identité d'une personne
- tutoyer ou vouvoyer quelqu'un
- poser des questions en classe

Objectifs grammaticaux
- le présent de l'indicatif
- les articles
- le genre, le nombre
- les nombres de 0 à 31
- les mots interrogatifs

2 ¿Dónde estás?

Lección 1 ¡Vamos a España! 24
Lección 2 En la ciudad 26
Lección 3 ¿Qué están haciendo? 28
Lección 4 Horas y horas 30
Lección 5 Pasa el tiempo 32
Afírmate 34
Descubre *España y la Unión Europea* 36
Recuerda y practica 38
¡Utiliza la lengua! Le son “ll” 40

Objectifs de communication
- se situer dans l'espace
- se situer dans le temps
- dire l'heure
- parler du temps qu'il fait

Objectifs grammaticaux
- le présent de l'indicatif
- *estar* + gérondif
- les adjectifs démonstratifs
- les adverbes de lieu

3 ¿Qué tal tu familia?

Lección 1 Lazos familiares 42
Lección 2 ¡Estos padres! 44
Lección 3 ¿Cómo es tu casa? 46
Lección 4 ¿Me quieres? 48
Afírmate 50
Descubre *De casa en casa* 52
Recuerda y practica 54
¡Utiliza la lengua! Le son “rr” 56

Objectifs de communication
- parler de sa famille, de sa maison
- comparer
- exprimer l'obligation et l'habitude

Objectifs grammaticaux
- les comparatifs, les superlatifs
- l'imparfait
- le passé composé
- les adjectifs et les pronoms possessifs
- les nombres de 40 à 101

4 ¿Cómo va todo?

Lección 1 ¿Quedamos? 58
Lección 2 Vida sentimental 60
Lección 3 ¡Qué desorden! 62
Lección 4 ¡Cuántas emociones! 64
Afírmate 66
Descubre *Historias y leyendas de amor* 68
Recuerda y practica 70
¡Utiliza la lengua! Le son “j” et “g” 72

Objectifs de communication
- parler de la vie quotidienne
- parler des rencontres, des relations avec les autres
- exprimer un but
- exprimer un doute

Objectifs grammaticaux
- le présent de l'indicatif des verbes en *-ecer, -ocer, -ucir*
- le subjonctif présent
- les pronoms personnels
- les adverbes en *-mente*

5 ¡Buen provecho!

Lección 1 ¡Estos jóvenes! 74
Lección 2 De compras 76
Lección 3 ¡Qué vida! 78
Lección 4 ¡A comer! 80
Afírmate 82
Descubre *¡Qué rico!* 84
Recuerda y practica 86
¡Utiliza la lengua! Le son "j" 88

Objectifs de communication
- parler des repas, des achats, des loisirs
- exprimer un ordre et une interdiction
- exprimer ses goûts

Objectifs grammaticaux
- le verbe *gustar*
- les diminutifs, les augmentatifs
- l'adverbe *nunca*
- l'impératif
- l'impératif négatif : la défense

6 ¡Qué divertido!

Lección 1 Me lo decía mi papá 90
Lección 2 ¿Qué hiciste ayer? 92
Lección 3 Decidir su profesión 94
Lección 4 Recuerdos de infancia 96
Afírmate 98
Descubre *¿Los conoces?* 100
Recuerda y practica 102
¡Utiliza la lengua! Le son "ñ" 104

Objectifs de communication
- parler du passé, des souvenirs
- parler des métiers
- parler des loisirs

Objectifs grammaticaux
- le passé simple
- le plus-que-parfait
- l'apocope

7 ¡Cuántos proyectos!

Lección 1 ¿Cuáles son tus sueños? 106
Lección 2 El placer de viajar 108
Lección 3 Emociones del viajero 110
Lección 4 Deportes 112
Afírmate 114
Descubre *¡Viva el deporte!* 116
Recuerda y practica 118
¡Utiliza la lengua! 120

Objectifs de communication
- parler de son avenir, de ses projets
- parler des sports et des voyages

Objectifs grammaticaux
- le futur
- le conditionnel
- *volver a* + infinitif
- *acabar de* + infinitif

8 ¿Adónde vamos?

Lección 1 ¿Será así nuestra vida mañana? 122
Lección 2 Preparando el porvenir 124
Lección 3 Los gustos del futuro 126
Afírmate 128
Descubre *¡Protege la tierra!* 130
Recuerda y practica 132
¡Utiliza la lengua! 134

Objectifs de communication
- parler des progrès technologiques, des inventions
- parler de l'environnement

Objectifs grammaticaux
- le subjonctif imparfait
- la concordance des temps
- l'hypothèse

¡De fiesta! 135

- LEXIQUE ESPAGNOL-FRANÇAIS 150
- LEXIQUE FRANÇAIS-ESPAGNOL 153
- TABLEAUX CONJUGAISONS 156
- PRÉCIS GRAMMATICAL 160

Unidad 1

Tu vas apprendre à :

- saluer, te présenter
- demander ou préciser l'identité d'une personne
- tutoyer et vouvoyer quelqu'un
- poser des questions en classe

Tu vas utiliser :

- le présent de l'indicatif
- les articles
- le genre, le nombre
- les nombres de 0 à 31
- les mots interrogatifs

Primer contacto

Nos saludamos

Por la mañana...

Por la tarde...

Para despedirse...

Por la noche...

Palabras

- por la mañana
- por la tarde
- por la noche
- saludar
- despedirse

1. ¿Cómo se llama la chica (*la fille*)?
2. ¿Cómo se llama el chico (*le garçon*)?
3. ¿Quién es el amigo de Sonia?
4. Cómo saludas:
   - por la mañana
   - por la tarde
   - por la noche
5. Para despedirme (*pour dire au revoir*), digo (*je dis*)...

Le présent de l'indicatif

pronoms sujets	v. irrégulier	v. pronominal
	SER	LLAMARSE
(yo)	**soy**	me llam**o**
(tú)	**eres**	te llam**as**
(él, ella, usted)	**es**	se llam**a**
(nosotros, nosotras)	**somos**	nos llam**amos**
(vosotros, vosotras)	**sois**	os llam**áis**
(ellos, ellas, ustedes)	**son**	se llam**an**

▸ Les pronoms sujets ne s'emploient que pour insister ou pour éviter une ambiguïté.

▸ **Me, te, se, nos, os, se** sont des pronoms réfléchis.

Practica

Conjugue le verbe entre parenthèses.

1. Mi amigo … (llamarse) Carlos, y tú, ¿cómo … (llamarse)?
2. Hola, ¿quién … (tú-ser)? … (yo-ser) María.
3. Buenos días, … (yo-ser) el nuevo profesor, … (yo-llamarse) Martín.
4. … (nosotros-ser) los nuevos alumnos de español y … (llamarse) Luis y Felipe.

Néstor

– ¿Cómo te llamas?
– Néstor
– ¿Néstor qué más?
– Julivert.
– ¿Cuántos años tienes?
– Diecisiete, casi[1]…

Juan Marsé, *Un día volveré*, 1989

1. *presque*

1. ¿Cómo se llama el chico?
2. ¿Cuál es su apellido (*nom de famille*)?
3. ¿Cuántos años tiene?
4. Y tú, ¿cómo te llamas?, ¿cuántos años tienes?

Palabras

0 cero
1 uno
2 dos
3 tres
4 cuatro
5 cinco
6 seis
7 siete
8 ocho
9 nueve
10 diez
11 **once**
12 doce
13 trece
14 catorce
15 quince
16 dieciséis
17 diecisiete
18 dieciocho
19 diecinueve
20 veinte
21 **veintiuno**
22 veintidós
23 veintitrés
24 veinticuatro
25 veinticinco
26 veintiséis
27 veintisiete
28 veintiocho
29 veintinueve
30 treinta
31 **treinta y uno**

¿Quiénes son?

– Me llamo Tamara.
Tengo 18 años.
Soy cantante.

– Mi nombre es Raúl.
Tengo 24 años.
Soy futbolista.

– Soy Penélope Cruz.
Tengo 28 años.
Soy actriz.

1. Presenta a estos personajes: nombre (*nom*), edad (*âge*), profesión (*métier*).
2. Ahora, preséntate tú y/o presenta a un(a) compañero(a) de tu clase.

Le présent de l'indicatif

Verbe irrégulier

TENER

tengo
tienes
tiene
tenemos
tenéis
tienen

Practica

Fais les opérations suivantes.
Écris les résultats en lettres.

1. Cinco (+) más trece (=) son …
2. Doce (-) menos dos (=) son …
3. Cuatro (x) por cinco (=) son …
4. Veinticuatro (:) entre tres (=) son …

Escucha

1. ¿Cuántos personajes hablan?
2. ¿Cómo se llama la chica?
3. ¿Cuántos años tiene?

Lección 2

¡Soy yo!

En clase

1 ¿Cómo se llama la chica?

2 ¿Con quién habla?

3 ¿De dónde es Anne?

4 ¿Dónde vive el profesor?

5 Y tú, ¿de dónde eres?, ¿dónde vives?

Le présent de l'indicatif

verbes réguliers

HABL**AR**	APREND**ER**	VIV**IR**
habl**o**	aprend**o**	viv**o**
habl**as**	aprend**es**	viv**es**
habl**a**	aprend**e**	viv**e**
habl**amos**	aprend**emos**	viv**imos**
habl**áis**	aprend**éis**	viv**ís**
habl**an**	aprend**en**	viv**en**

Le vouvoiement

Usted + 3e pers. sing. *Usted vive en Barcelona.*
Ustedes + 3e pers. plur. *Ustedes no son de Madrid.*

Practica

1. Transforme les questions. Utilise le vouvoiement.

a. ¿Cómo te llamas?

b. ¿De dónde sois?

c. ¿Habláis español?

2. Fais des phrases en suivant le modèle :

Eres Juan → Usted es Juan.

a. Vives en Londres.

b. Sois los amigos de Pedro.

c. Aprendéis español.

El señor Lechat

… ahora[1] vivo en la Costa del Sol, nací[2] en Astorga, es decir, soy un maragato[3]. Mi apellido[4] es Lechat, un apellido de origen francés que significa «el gato», y poseo una fábrica[5] de productos alimenticios para gatos.

Emilio Calderón, *Retrato de un detective enamorado*, 1977

1. ¿Cómo se llama el señor?
2. ¿Dónde vive?
3. Y tú, ¿cuál es tu nombre?, ¿y tu apellido?
4. ¿Dónde vives?

1. *maintenant*
2. *je suis né*
3. *de la* «Maragatería», *province de León*
4. *mon nom de famille*
5. *une usine*

Más tarde...

Palabras

- ¿Cómo se dice «...» en español?
- ¿Puede repetir, por favor?
- ¿Qué quiere decir «...»?

Les articles

définis	indéfinis
el, la	un, una
los, las	Ø

- L'article contracté : *a* + *el* = ***al*** (au)
  Voy al colegio.
- L'article contracté : *de* + *el* = ***del*** (du)
  El apellido del señor es Lechat.

Le présent de l'indicatif

verbe irrégulier
IR
voy
vas
va
vamos
vais
van

Practica

Complète les phrases avec l'article contracté «al» o «del».

1. Mis amigas van… colegio.
2. El apellido… profesor es González.
3. La señora García va todos los días … trabajo.
4. Los amigos … chico son simpáticos.

¿Cómo eres...?

¿... y cómo son?

Sol tiene el pelo rubio; es rubia.

Sergio es bajo y delgado.

Víctor tiene el pelo negro; es moreno.

Rosa es alta y fuerte.

1. ¿Cómo es Sol?
2. ¿Cómo es Sergio?
3. ¿Cómo es Víctor?
4. ¿Cómo es Rosa?
5. Y tú, ¿cómo eres?

La niña

Una niña camina[1] por la calle Diputación. Es bastante alta para sus doce años y tiene las facciones[2] finas y delicadas. Los cabellos[3] son rubios, algo oscuros. Los ojos[4] son grises con tonalidades azules.

D'après Mercè Company, *La imbécil*, 1987

1. *marche* **2.** *les traits* **3.** *les cheveux* **4.** *les yeux*

1. ¿Por dónde camina la chica?
2. ¿Cuántos años tiene?
3. ¿Cómo tiene el pelo?, ¿y los ojos?

Le genre et le nombre

masculin sing.	féminin sing.
el chico alto el ojo azul	la chica alta la clase azul
masculin pl.	**féminin pl.**
los chicos altos los ojos azules	las chicas altas las clases azules

Practica

1. Mets les phrases au féminin.

a. El profesor de español es moreno y bajo.

b. Él es delgado y simpático.

2. Mets les phrases au pluriel.

a. La chica es rubia y seria.

b. El amigo de Sonia es español.

Patricia y Jérôme

La chica es morena y tiene los ojos negros. Tiene el pelo largo. Lleva[1] un collar[2] y unos pendientes[3]. Es colombiana y se llama Patricia. Me gusta mucho su sonrisa.

El chico es castaño y tiene los ojos marrones. Tiene el pelo corto. Lleva una camiseta blanca. Es francés y se llama Jérôme. También me gusta su sonrisa.

Palabras

nacionalidades
español(a)
colombiano(a)
mexicano(a)
argentino(a)
francés, francesa
inglés, inglesa
alemán, alemana
italiano(a)

1. ¿De qué color es el pelo de la chica?
2. ¿De dónde es?
3. ¿Cómo se llama?
4. ¿Cómo es el chico?
5. ¿Es español?
6. ¿Te gusta su sonrisa?

1. *porte*
2. *collier*
3. *boucles d'oreille*

Le présent de l'indicatif

GUSTAR *(aimer quelque chose, plaire)*

me gusta te gusta	el collar	me gustan te gustan	los pendientes

¿Te gusta el collar de Patricia?
No, me gustan sus pendientes.
Est-ce que tu aimes le collier de Patricia ?
Non, j'aime ses boucles d'oreille.

Practica

Fais des phrases avec «gustar» ou «no gustar» et les mots suivants :
- los pendientes
- la sonrisa
- el pelo
- los ojos
- la camiseta

Voy a contarte

Pablo Neruda, poeta chileno, en su casa de la Isla Negra (Chile).

Voy a contarte[1]
en secreto
quién soy yo,
así,
en voz alta[2]
me dirás
quién eres,
en qué taller[3] trabajas[4],
en qué mina,
cómo te llamas,
dónde vives,
calle y número
para que recibas[5]
mis cartas[6],
para que yo te diga[7]
quién soy yo
y dónde vivo…

Pablo Neruda,
Odas Elementales, 1954

1. *je vais te raconter*
2. *à haute voix*
3. *l'atelier*
4. *tu travailles*
5. *pour que tu reçoives*
6. *mes lettres*
7. *pour que moi, je te dise*

Recuerda

1. Utiliza la forma de cortesía «usted» y transforma 7, 10 y 11.
2. Preséntate al poeta, escribe: tu nombre, tu edad, dónde vives...

1 ¿Qué va a contar el poeta?

2 ¿Qué pregunta el poeta?

3 ¿Por qué escribe cartas el poeta?

Familia de acróbatas

«Familia de acróbatas», 1905. Cuadro pintado por Pablo Picasso, pintor español.

1. ¿Cuántos personajes hay?
2. ¿Quiénes son?
3. Describe a los personajes.
4. ¿Te gusta el cuadro?

Para decirlo

el circo
el padre
la madre
el hijo: *le fils*
el mono: *le singe*
parecer: *avoir l'air, paraître*
alegre ≠ triste
hay: *il y a*
mirar: *regarder*

- **azul**
- **verde**
- **amarillo**
- **naranja**
- **rojo**
- **marrón**
- **gris**
- **blanco**

Con método

Comenta el cuadro siguiendo las instrucciones:

1. **Identificación:**
   - El cuadro se titula... y es de...
2. **Análisis de la imagen:**
   - Representa a ...
   - Representa también...
   - Los colores que predominan son: ...
   - Hay mucha / poca luz *(lumière)* e ilumina...
3. **Conclusión:**
   - Me gusta mucho / no me gusta porque...

¿Conoces a la familia real?

España tiene 505 954 km² de superficie.
Hay unos 40 millones de habitantes.
La capital es Madrid.
En España, la forma de gobierno es la Monarquía Constitucional: hay un rey, un presidente del gobierno y una constitución.
El jefe del Estado es el Rey.
La fiesta nacional de España es el doce de octubre.

La familia real al completo: los reyes, las infantas Elena y Cristina y sus maridos, el príncipe Felipe y los nietos (les petits-enfants).

Elena practica la equitación.

Después de leer el texto, ¿qué puedes decir de España y de la familia real española?

- Superficie
- Régimen político
- Fiesta nacional
- Príncipe
- Rey y reina
- Infantas
- Capital
- Número de habitantes

Los reyes de España, don Juan Carlos y doña Sofía.

El príncipe Felipe en su barco.

El rey y su hija Cristina practican el esquí.

Escucha

1. ¿Quiénes hablan?
2. ¿De qué hablan?
3. ¿Quiénes son los diferentes miembros de la familia real?
4. ¿Por qué le gusta al chico la familia real?

WWW

www.casareal.es

RECUERDA Y PRACTICA

1 Le présent de l'indicatif des verbes réguliers

	1er groupe	2e groupe	3e groupe	pronominal
Pronoms sujets	**verbes en -ar**	**verbes en -er**	**verbes en -ir**	**-ar + se**
	HABLAR	APRENDER	VIVIR	LLAMARSE
(yo)	habl**o**	aprend**o**	viv**o**	me llam**o**
(tú)	habl**as**	aprend**es**	viv**es**	te llam**as**
(él, ella, usted)	habl**a**	aprend**e**	viv**e**	se llam**a**
(nosotros, nosotras)	habl**amos**	aprend**emos**	viv**imos**	nos llam**amos**
(vosotros, vosotras)	habl**áis**	aprend**éis**	viv**ís**	os llam**áis**
(ellos, ellas, ustedes)	habl**an**	aprend**en**	viv**en**	se llam**an**

◆ Je sais que les pronoms sujets ne s'emploient que pour insister ou pour éviter une ambiguïté :
– *¿Eres Manuel? – No, yo no soy Manuel, yo soy Alex.*

◆ **Me**, **te**, **se**, **nos**, **os**, **se** sont des pronoms réfléchis : *Me llamo Ana.*

Conjugue les verbes entre parenthèses.

1. Los niños … (llamarse) Daniel y Juan Carlos.

2. … (tú-hablar) muy bien español.

3. La profesora de español … (vivir) Francia.

4. ¿… usted (comprender) el español?

2 Le présent de l'indicatif : ser, ir, tener

verbes irréguliers		
SER	IR	TENER
soy	voy	tengo
eres	vas	tienes
es	va	tiene
somos	vamos	tenemos
sois	vais	tenéis
son	van	tienen

Conjugue les verbes entre parenthèses.

1. … (yo-ser) una alumna de español.

2. … (nosotros-ir) a la escuela.

3. … (vosotras-tener) quince años.

4. … (yo-tener) un collar azul.

◆ J'emploie **ser** pour :
- Me présenter et dire ma nationalité : *Soy Alex, soy español.*
- Décrire : *Sonia es alta y morena.*

3 Les phrases affirmative, négative et interrogative

◆ La phrase affirmative :
Me llamo Cristina y tengo 14 años.

◆ La phrase négative : **no** + verbe
Yo no vivo en París.

◆ La phrase interrogative :
¿Eres Tomás? ¿Cómo es el chico?

Dans la phrase interrogative le verbe se place devant le sujet.
En début de phrase on met un point d'interrogation renversé.

Mets les phrases à la forme négative.

1. María vive en España.

2. Es Carlos.

3. La chica va a la escuela.

4. Tengo quince años.

4 Les mots interrogatifs

◆ J'ai appris à poser des questions avec les mots interrogatifs : **¿Cómo?** *(comment)* ; **¿Quién?** *(qui)* ; **¿Dónde? ¿Adónde?** *(où)* ; **¿De dónde?** *(d'où)* ; **¿Cuántos?** *(combien)* ; **¿Cuál?** *(quel, quelle…)*.

Imagine les questions qui correspondent aux réponses suivantes.

1. El señor López vive en Madrid.

2. Marta tiene doce años.

3. La chica es de Bogotá.

4. Me llamo Ana.

5 Le vouvoiement en espagnol

◆ **Le vouvoiement singulier**
Quand je m'adresse à une personne que je vouvoie j'utilise **usted** et le verbe à la troisième personne du singulier :
*¿Es **usted** español?*
◆ **Le vouvoiement pluriel**
Quand je m'adresse à plusieurs personnes que je vouvoie j'utilise **ustedes** et le verbe à la troisième personne du pluriel :
*¿Son **ustedes** españoles?*
▸ Attention : **vosotros / vosotras** sont utilisés en espagnol pour s'adresser à plusieurs personnes quand on les tutoie.

Passe du tutoiement au vouvoiement.

1. ¿Cuántos años tienes?
2. ¿De dónde eres?
3. ¿Cómo te llamas?
4. ¿Dónde vives?
5. ¿Eres francés?

6 Le verbe gustar

◆ Je note que le verbe **gustar** se conjugue généralement à la troisième personne du singulier ou du pluriel :

*me gust**a*** / *te gust**a*** } *el helado* / *caminar*

*me gust**an*** / *te gust**an*** } *los helados*

«Gusta» ou «gustan» ? Choisis la forme correcte.

1. Me … (gusta-gustan) aprender español.
2. ¿Te … (gusta-gustan) el cuadro de Picasso?
3. Me … (gusta-gustan) las fiestas.

7 Le genre et le nombre

◆ **Le masculin et le féminin**

- Les noms et adjectifs qui se terminent par **-o** sont généralement masculins et les noms et adjectifs qui se terminent par **-a** sont généralement féminins : *el alumno es alto, la alumna es alta.*
- Les noms qui se terminent en **-or** prennent un **-a** au féminin : *señor → señora; profesor → profesora; pintor → pintora*
- Il y a aussi des noms invariables : *el joven → la joven; el cantante → la cantante* et des adjectifs invariables : *agradable, azul*

Mets au féminin les phrases suivantes.

1. El chico es delgado.
2. El joven es muy agradable.
3. El pintor es español.
4. El cantante es moreno.

◆ **Le singulier et le pluriel**

- Pour former le pluriel des noms et des adjectifs qui finissent par une voyelle, j'ajoute **-s** :
el chico simpático → los chicos simpáticos
- Pour les noms et les adjectifs qui finissent par une consonne, on ajoute **-es** :
el cuadro azul → los cuadros azules
el chico francés → los chicos franceses

Mets au pluriel les phrases suivantes.

1. La amiga de Eva es francesa.
2. Él es profesor.
3. El joven es moreno y alto.
4. La clase es azul y agradable.

Connais-tu bien ton unité ?

Dans le poème «Voy a contarte» p. 16, retrouve : • les mots féminins • les verbes conjugués à la 1re personne du singulier • les verbes conjugués à la 2e personne du singulier.

¡UTILIZA LA LENGUA!

Escucha y entrénate

1. Écoute et chante l'alphabet espagnol.

A de Ana, Be de Blanca, Ce de Carlos, Che de Charo, De de Dani, E de Elena, eFe de Fernando, Ge de Gloria, Hache de Horacio, I de Isabel, Jota de Jaime, Ka de Kati, eLe de Luis, eLLe de Valle, eMe de Manuel, eNe de Nuria, eÑe de Toño, O de Oscar, Pe de Pedro, Q(cu) de Quintín, erRe de Rosa, eSe de Susana, Te de Tomás, U de Úrsula, uVe de Víctor, W(uve doble) de Waldo, X (equis) de Xenón, Y (i griega) de Yolanda y Zeta de Zacarías.

2. Maintenant, épelle ton nom et ton prénom, puis celui d'un ou d'une camarade. (Attention : en espagnol les lettres sont du genre féminin)

3. Écoute et répète ces mots que tu as rencontrés dans l'unité :

• noche • gato • personaje • vivir
• fábrica • trabajar • apellido • compañero
• azul • cabello • número

4. Trabalenguas: le son "ch"

«Charito Muchamarcha
machaca cucarachas
con ocho cucharas.»

«Pancho, Pincho, Poncho
poneos los ponchos
que plancha Pinocho.»

Recuerda las palabras

Complète le texte à l'aide des noms, verbes et adjectifs. N'oublie pas de conjuguer les verbes.

¡Hola! ... ... Alba. Mi segundo ... es María y mi ... García. ... en Bilbao y tengo once ... . Mis ... son ... y mi ... negro. Soy ... y mis amigos dicen que soy muy ... Bueno. ¡Adiós!

Noms
nombre
pelo
apellido
ojos
años

Verbes
llamarse
vivir

Adjectifs
azules
simpática
alta

Comunícate

1. C'est ton premier jour de classe. Tu rencontres Sara. Présente-toi : dis ton nom, ton âge. Puis pose-lui des questions pour mieux la connaître. Joue la scène avec une camarade.

2. Après ta première journée de classe, tu parles à tes parents de ton nouveau professeur d'espagnol.

Unidad 2

¿Dónde estás?

Tu vas apprendre à :

- te situer dans l'espace
- te situer dans le temps
- dire l'heure
- parler du temps qu'il fait

Tu vas utiliser :

- le présent de l'indicatif
- *Estar* + gérondif
- les adjectifs démonstratifs
- les adverbes de lieu

¡Vamos a España!

El mapa de las autonomías

España tiene diecisiete autonomías.

1 ¿Cuántas autonomías tiene España?

2 ¿Cuál es la capital de España?

3 ¿Dónde está Asturias?

4 ¿Dónde está Andalucía?

Palabras

el mar
el océano
el valle
el río: *le fleuve, la rivière*
a orillas de: *au bord de*
la costa: *la côte*
la playa: *la plage*
el mapa: *la carte*
la ciudad: *la ville*
la montaña

Le présent de l'indicatif

verbe irrégulier

ESTAR

estoy
estás
está
estamos
estáis
están

▸ Pour situer et me situer, j'emploie le verbe **estar**.

▸ Je remarque les accents écrits du verbe **estar**.

Practica

Encuentra las preguntas *(trouve les questions)*.

1. ¿…?
En España hay diecisiete autonomías.

2. ¿…?
El mar Cantábrico está al norte de España.

3. ¿…?
Sevilla está en Andalucía.

4. ¿…?
Barcelona es la capital de Cataluña.

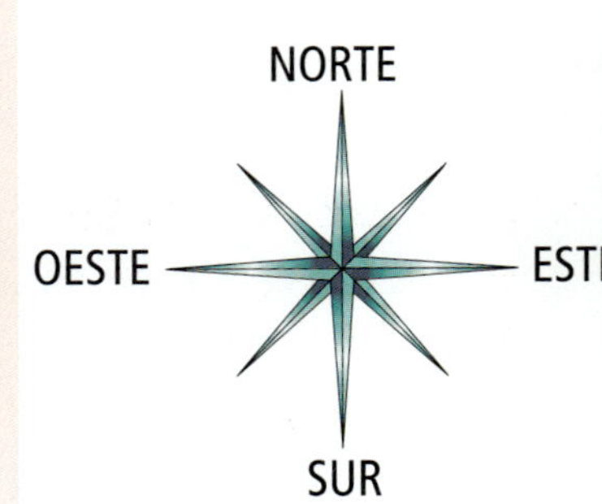

Tierras de España

Un abanico[1] de tierras,
España al abrirse enseña[2].

Galicia verde de hierba
y gris de mar y de niebla[3].

Las perlas son de los mares
Canarias y Baleares.

Madrid en el centro está,
cerca de cualquier lugar[4].

Sueña[5] Castilla la Mancha
con caballeros y lanzas[6].

Entre valles y montañas,
guarda su historia Navarra.

Andalucía y su mar,
blancas de cal[7] y de sal.

Con Portugal, su vecino,
España comparte[8] ríos.

Por los Pirineos cercanos[9]
a Europa le da la mano.

La costa de Galicia

Una playa de las islas Canarias

Los Pirineos

1 ¿De qué trata el poema?

2 ¿Cómo es Galicia?

3 ¿Qué comunidades del poema están a orillas del mar?

4 ¿Qué países tienen fronteras con España?

1. *un éventail*
2. *ici : montre*
3. *brouillard*
4. *près de n'importe quel endroit*
5. *rêve*
6. *chevaliers et lances*
7. *blanches de chaux*
8. *partage*
9. *proches*

Un paisaje de la Mancha

Le présent de l'indicatif

v. à diphtongue (o → ue)

SOÑAR (con)

sueño
sueñas
sueña
soñamos
soñáis
sueñan

Practica

1. Sitúa cuatro autonomías del poema en el mapa de España, utilizando los puntos cardinales.

2. Completa con el verbo «soñar».

a. Nosotros … con el mar.

b. Vosotros … con la montaña.

c. Yo … con ir a la paya.

d. Y tú, ¿con qué … ?

En la ciudad

¿Cómo se va?

– ¿Qué haces?
– Miro el plano para ver dónde está Correos.
– Está en la calle Acacias.
– Y, ¿cómo se va?
– Pues mira, sigues todo recto y al final de la calle tuerces a la derecha. Allí está Correos.
– ¡Gracias! ¡Hasta luego!

a la izquierda **a la derecha** **todo recto** →

Para decirlo

al lado (de): *à côté (de)*
detrás (de): *derrière*
delante (de): *devant*
cerca (de): *près (de)*
lejos (de): *loin (de)*
enfrente (de): *en face (de)*
en medio (de): *au milieu (de)*
torcer a la derecha: *tourner à droite*
torcer a la izquierda: *tourner à gauche*
cruzar la calle: *traverser la rue*

1 ¿Dónde está la farmacia?
2 ¿Dónde está el museo?
3 ¿Dónde está el mercado *(le marché)*?
4 ¿Dónde está Correos *(la poste)*?

Le présent de l'indicatif

v. irrégulier (1re pers. sing. -go)	v. irrégulier (e→i)
HACER	SEGUIR
hago	sigo
haces	sigues
hace	sigue
hacemos	seguimos
hacéis	seguís
hacen	siguen

Practica

Indica el camino a un compañero(a):

1. Para ir al cine si estás en la plaza de la Constitución.

2. Para ir al mercado si estás en la calle Delicias.

3. Para ir al parque si estás en la calle Acacias.

4. Para ir a la tienda de discos si estás en la plaza de América.

Visita al museo

Pablo y Soledad van a ver[1] una exposición.

– Por favor, señorita, ¿dónde está la entrada de la exposición?

– Al fondo, responde la chica. Si queréis[2] ver primero las armaduras, es aquí, a la izquierda.

– Gracias.

– ¿Por qué preguntas? Está indicado por todas partes.

– No lo había visto[3], dice Pablo.

– ¿Dónde vamos primero[4]?

– Primero, a las fotografías, y después[5] a las armaduras.

– Vale[6]. Aquí está la entrada.

Susana Chiabrando, *Los Micrón en los museos de Madrid, 1990*

1 ¿Dónde están Pablo y Soledad?

2 ¿Qué quieren ver?

3 ¿Dónde está la entrada de la exposición?

4 ¿En qué orden van a ver la exposición?

1. *vont voir*
2. *ici, si vous voulez*
3. *je ne l'avais pas vu*
4. *ici, d'abord*
5. *après*
6. *d'accord*

Jóvenes en el museo del Prado, Madrid

Le présent de l'indicatif

verbe irrégulier (e→i)	verbe irrégulier (à diphtongue : e→ie)
DECIR	QUERER
digo	quiero
dices	quieres
dice	quiere
decimos	queremos
decís	queréis
dicen	quieren

Practica

Conjuga el verbo entre paréntesis y completa las frases.

1. – ¿Qué … (tú-decir)?
– … que el museo está a la derecha.

2. – ¿Qué … (tú-querer) hacer esta tarde?
– … ir al cine.

3. – ¿Qué … (querer) visitar ustedes?
– … visitar *el Prado*.

¿Qué están haciendo?

1. *Halte là garnement !*
2. *Hier tu y as échappé*
3. *au retour*
4. *Regarde-moi bien*

Para decirlo

correr: *courir*
tener prisa: *être pressé*
enfadarse: *se fâcher*
bañarse: *prendre un bain*
secarse: *s'essuyer*
ayer: *hier*
hoy: *aujourd'hui*
mañana: *demain*
esperar: *attendre*
el agua: *l'eau*
frío ≠ caliente: *chaud ≠ froid*
sucio ≠ limpio: *sale ≠ propre*

1. ¿Qué está haciendo Marco Antonio al principio?
2. ¿Por qué tiene prisa?
3. ¿Está de acuerdo tía Gutanda? ¿Por qué?
4. ¿Cómo quiere el baño Marco Antonio?

Le gérondif

preparar → preparando
correr → corriendo
vivir → viviendo

La forme progressive

Estar + gérondif : être en train de …
¿Qué están haciendo? Están escuchando la radio.

Practica

Transforma las frases utilizando la forma progresiva.

1. Marco Antonio habla con tía Gutanda.
2. Los amigos corren.
3. Marco Antonio grita.
4. Tía Gutanda espera a Marco Antonio.

Durmiendo la siesta

El viajero mira al patio de la casa con recelo[1]. No es la primera vez que tiene que salir huyendo[2] de algún perro por entrar sin llamar[3]. Pero, o no lo hay, o está durmiendo, como todo el mundo parece estar haciendo ahora en Otero.

Solamente unas gallinas picotean en el patio…

– ¿Se puede?

Las gallinas le miran un instante, como extrañadas de que alguien ande[4] ahora por la calle en lugar de[5] estar durmiendo.

– ¿Se puede?

Silencio.

D'après Julio llamazares, *El río del olvido*, 1993

1. *avec méfiance*
2. *qu'il doit s'enfuir*
3. *sans frapper à la porte*
4. *étonnées que quelqu'un se trouve*
5. *au lieu de*

María Carmen Batidor Llabrés : *Gallinas*, 2001

1 ¿Qué está haciendo el viajero?

2 ¿De qué tiene miedo? ¿Por qué?

3 ¿Qué animales ve el viajero? ¿Dónde están?

Recuerda

Verbes pronominaux → p. 10

Conjuga los verbos en presente.

1. El perro ... (llamarse) Rintintín.

2. ... (yo-bañarse) por la noche.

3. ... (tú-secarse) rápidamente.

4. ¿Cómo ... (vosotros-llamarse)?

Quelques gérondifs irréguliers

huir	→	huyendo
leer	→	leyendo
dormir	→	durmiendo
poder	→	pudiendo
seguir	→	siguiendo
venir	→	viniendo
decir	→	diciendo

Practica

1. Responde a las preguntas utilizando el gerundio.

a. ¿Qué está haciendo el viajero?

b. ¿Qué están haciendo las gallinas en el patio?

c. ¿Qué está haciendo todo el mundo en Otero?

2. Construye frases con la forma progresiva.

a. español/estar/hablar/yo

b. escribir/profesor/el/estar

c. los/leer/alumnos/estar

Horas y horas

Castigado[1]

Son las seis y llevo dos horas en clase[2], completamente solo, con el libro de matemáticas encima de la mesa y sin atreverme a rechistar[3]. El tiempo marcha a paso de caracol.

Además, y para mayor tristeza, nieva. Desde el aula[4] oscura miro caer[5] los lentos copos de nieve sobre el suelo del patio.

A lo mejor[6] es la última nevada pues[7] estamos a primeros de marzo.

D'après Antonio Martínez Menchen, *Fosco*, 1985

1. *puni*
2. *il y a deux heures que je suis dans la classe*
3. *sans oser répliquer*
4. *la salle de classe*
5. *tomber*
6. *peut-être*
7. *car*

* *Aujourd'hui on pourra dire à papa qu'on a été les premiers de la classe*

1 ¿Dónde está el niño?

2 ¿Qué hora es al principio del texto?

3 ¿Cuánto tiempo lleva el niño en clase?

4 ¿Qué está haciendo?

El reloj

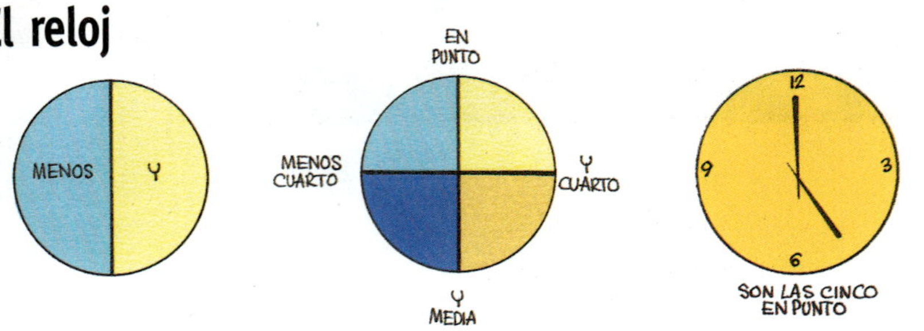

L'heure

Pour demander l'heure, j'utilise toujours le singulier.
¿Qué hora es?

Pour répondre, je n'oublie pas l'article **la** ou **las** et j'accorde le verbe.
Es la una y cuarto / Son las cuatro.

Practica

¿Qué hora es?

1. 15h30
2. 11h15
3. 16h45
4. 13h10
5. 20h50

Recuerda

La phrase interrogative → p. 20

Encuentra las preguntas.

1. ¿ ... ? Los niños están en clase.
2. ¿ ... ? El niño está mirando el reloj.
3. ¿ ... ? Son las seis y cuarto.
4. ¿ ... ? El libro de matemáticas está encima de la mesa.

El horario de Manuel

1. ¿A qué hora sale Manuel el martes y el viernes?
2. ¿Qué días tiene clase de matemáticas?
3. ¿A qué hora llega a su casa el jueves?
4. Y tú, ¿a qué hora sales el lunes?, ¿ y el miércoles?

1. *je sors tôt*
2. *trois fois*
3. *quelle chance!*
4. *courage, souris!*

	LUNES	MARTES	MIÉRCOLES	JUEVES	VIERNES	SÁBADO	DOMINGO
8.30-9.30	*Lengua	Música	Religión	Biología	Informática		
9.30-10.30	Religión	Gimnasia	Matemáticas	Inglés	Biología	Fin de semana	
10.30-11.30	Física y química	Biología	*Tutoría	*Ciencias sociales	Francés		
11.30-12.00	Recreo	Recreo	Recreo	Recreo	Recreo		
12.00-100	Inglés	Francés	Inglés	Matemáticas	Lengua		
1.00-2.00	Gimnasia	*Lengua	Física y química	Física y química	Matemáticas		
2.00-3.45	Comida	Comida	Comida	Comida	Comida		
3.45-4.45	Matemáticas		Ciencias sociales	Ciencias sociales			
4.45-5.45	Ciencias sociales		Informática	Música			

*Lengua: Español
*Tutoría: *Heure de vie de classe.*
*Ciencias sociales: Historia y geografía

Le présent de l'indicatif

verbe irrégulier (-go)

SALIR

salgo
sales
sale
sal**imos**
salís
salen

Practica

Conjuga el verbo entre paréntesis en presente de indicativo.

1. Los miércoles … (yo-salir) a las seis menos cuarto.
2. … (yo-hacer) los deberes todos los días.
3. Los niños no … (atreverse) a salir.
4. … (vosotros-llegar) a casa a las seis y cuarto.

Escucha

1. ¿Quién habla? ¿De qué habla?
2. ¿Cómo es el colegio?
3. ¿Para qué sirve la biblioteca?
4. ¿A qué hora comienzan algunos alumnos?

Pasa el tiempo

Canción primaveral

Salen los niños alegres
de la escuela;
poniendo en el aire tibio[1]
de abril canciones tiernas.[2]
¡Qué alegría tiene el hondo[3]
silencio de la calleja!
Un silencio hecho pedazos[4]
por risas de plata[5] nueva.

Federico García Lorca
Libro de poemas, 1921

1. *tiède*
2. *tendres*
3. *profond*
4. *mis en morceaux*
5. *argent*

Otoño

Ya se doran[1] las hojas[2],
ya las tardes
son lo mejor[3] del día. [...]
Ya comienza el curso.
Aprender, enseñar,
lecciones, aulas.
Siempre en octubre
comenzaba[4] el año.

Jorge Guillén,
Homenaje, 1978

1. se doran : *deviennent couleur or*
2. *les feuilles*
3. *le meilleur*
4. *commençait*

Isabel Villar: *Urbel del castillo*, 1998

1. ¿De qué estaciones del año hablan los poemas?
2. ¿Cómo se sienten los niños en primavera? ¿Qué hacen?
3. ¿Qué pasa en otoño?
4. ¿En qué mes comienza el curso escolar?

Palabras

Los meses del año:

enero, febrero, marzo, abril, mayo, junio, julio, agosto, septiembre, octubre, noviembre, diciembre

la primavera

hace bueno

el verano

hace calor

el otoño

llueve

el invierno

hace frío; nieva

El mes blanco

Son las tres de la tarde de un día de invierno. No hay nadie[1] en las calles. Sólo silencio. Es la hora de comer[2] y todo está tranquilo. Calles sin coches, plazas sin gente. Jardines sin niños.
El sol entra en la habitación[3] de Guillermo y juega con los espejos[4], se pasea entre los libros. Estamos en diciembre, un mes blanco. Sobre la mesa, debajo de las sillas, en el suelo[5], hay fotos, muchas fotos. Encima de su cama[6] Guillermo ha dejado su ropa[7]. Toda la casa está llena de libros: libros de cine, de viajes, de África, de Australia, China, París … Pero casi todos son libros de fotografía. La cámara de fotos está ya preparada y mira hacia la calle.

Rosana Acquaroni Muñoz, *La sombra de un fotógrafo*, 1996

Palabras

sobre, en, encima (de): *sur*
debajo (de): *sous*
entre: *au milieu de*
sin: *sans*

1. ¿En qué estación del año se sitúa el texto? ¿En qué mes?
2. ¿Cómo está la ciudad en ese momento?
3. ¿Qué hay sobre la mesa? ¿Y encima de la cama?
4. ¿Qué objeto utiliza mucho Guillermo? ¿Por qué?

---

1. *Il n'y a personne*
2. *ici, déjeuner*
3. *la chambre*
4. *joue avec les miroirs*
5. *par terre*
6. *son lit*
7. *il a laissé ses vêtements*

Le présent de l'indicatif

v. à diphtongue
(exception : u → ue)

JUGAR

juego
juegas
juega
jugamos
jugáis
juegan

Practica

1. Imita el modelo:
ropa / encima / cama →
La ropa está encima de la cama

a. fotos / en / suelo
b. libros / sobre / silla
c. cámara / entre / libros
d. espejo / en / habitación

2. Completa las frases con el verbo «jugar».

a. En invierno (yo) …
b. En la playa la gente …
c. En otoño los niños no …
d. En verano (nosotros) …
e. Me gusta mucho…

¿Qué pasa?

Para decirlo

la mesa: *la table*

la silla: *la chaise*

el diccionario

el libro

el cuaderno: *le cahier*

el bolígrafo: *le stylo à bille*

la goma

el lápiz: *le crayon*

aburrirse: *s'ennuyer*

1. ¿Dónde está el niño?
2. ¿Qué está haciendo?
3. ¿Qué objetos hay encima de la mesa?
4. Imagina que eres el niño: Estoy triste porque...

Con método

Comenta la foto siguiendo las instrucciones:

1. **Introducción:**
   - La foto representa a ...
2. **Descripción:**
   - En primer plano vemos ...
   - A la derecha hay ... A la izquierda ... En el centro ...
   - En segundo plano vemos ...
   - Al fondo podemos ver ...
3. **Opinión / Conclusión:**
   - Pienso que ... / (No) Me gusta la foto porque ...

Recuerda

Completa las frases siguientes con: detrás, sobre, dentro, al lado, encima

1. El lápiz está ... del bote.
2. El libro amarillo está ... del diccionario.
3. El bote está ... del cuaderno.
4. La goma está ... la mesa.
5. El libro azul está ... de otro libro.

Vida escolar

Afortunado[1] escolar,
a las siete se levanta
y antes de que den las diez[2]
sueña que sueña en su cama.

Una hora goza de bus[3],
siete de cole, algo largas
sin contar la hora de inglés,
tampoco[4] la de gimnasia.

No menos de tres consume
entre comida y lavada,[5]
y en acabar[6] los deberes
dos le resultan escasas[7].

¡Alegre vida escolar!
¡Cuánto tiempo queda libre
al niño para jugar!

Fernando Almena,
El jardín de los cantares, 1977

1. *heureux*
2. antes de que den las diez : *avant dix heures*
3. *il se réjouit de passer une heure dans le bus*
4. *non plus*
5. *pour le repas et la toilette*
6. *et pour finir*
7. *deux heures ne suffissent pas*

1 ¿Dónde está el escolar en la primera estrofa? ¿Y en la segunda?

2 ¿Cuántas horas pasa en el colegio?

3 ¿Qué hace el resto del tiempo?

4 ¿Piensas que tiene mucho tiempo para jugar?

Recuerda

1. Conjuga el verbo entre paréntesis.

a. El niño ... (soñar) en su cama.
b. ... (yo-levantarse) a las siete.
c. Los alumnos ... (contar) en español.
d. ... (vosotros-acabar) los deberes por la noche.

2. Responde a estas preguntas.

a. ¿A qué hora te levantas?
b. ¿A qué hora te acuestas?
c. ¿Cuántas horas dedicas a hacer los deberes?
d. ¿Cuántas horas tienes libres para hacer otras cosas?

España y la Unión Europea

El día de Europa tiene lugar cada año el nueve de mayo.

Actualmente la Unión europea tiene quince estados miembros: Alemania, Austria, Bélgica, Dinamarca, España, Finlandia, Francia, Grecia, Irlanda, Italia, Luxemburgo, Países Bajos, Portugal, Reino Unido y Suecia. Se utilizan once lenguas oficiales: alemán, inglés, italiano, danés, español, finés, francés, griego, neerlandés, portugués y sueco.

La bandera de la Unión Europea es azul con doce estrellas dispuestas como las horas de un reloj.

Desde el 1 de enero de 2002 la moneda única europea es el euro (salvo en tres países de la Unión Europea: Dinamarca, Suecia y Reino Unido). Los billetes en euros son idénticos en los doce países. Las monedas son iguales en peso, color y valor; sólo una cara de la moneda es distinta para cada país. Ambos –billetes y monedas– son válidos en todos los países de la Unión Monetaria Europea.

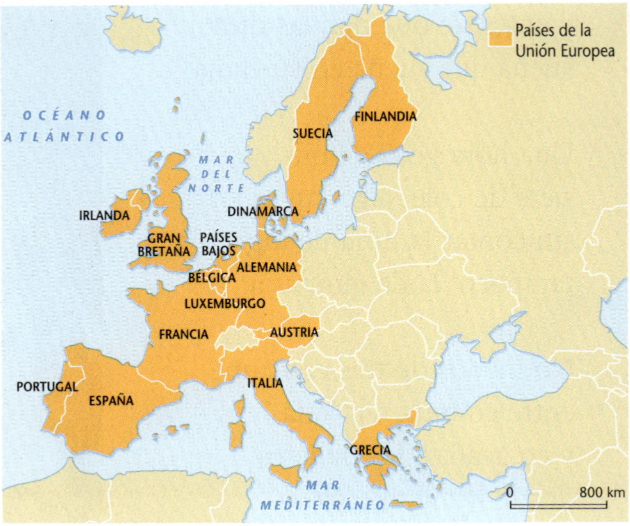

Roma: vista completa del Coliseo.

Londres : el Big Ben. En primer plano vemos un autobús típico.

Y ahora, ¿qué sabes de Europa?

- El día de Europa
- Los 15 países miembros de la UE
- Las lenguas oficiales
- La bandera europea
- La moneda europea

Bruselas: el Atomiun y la maqueta de la Gran Plaza.

Madrid: la Plaza Mayor. Estatua ecuestre de Felipe III. Al fondo vemos la fachada de la antigua casa de la panadería.

París: vista de la torre Eiffel y de Trocadero.

Estrasburgo: el hemiciclo del Parlamento europeo durante una Jornada de puertas abiertas. Al fondo vemos la bandera europea.

Escucha

El himno europeo es la «Oda a la alegría», cuarto (4º) movimiento de la novena (9ª) sinfonía de Beethoven. No existe letra oficial. Vas a oír una versión cantada por un grupo de niños españoles.

Escucha la canción con atención y escribe las palabras que conoces.

WWW

http://europa.eu.int/

RECUERDA Y PRACTICA

1 Ser et Estar

◆ J'emploie le verbe **ser** :
- pour me présenter : *Soy Juan. Soy yo.*
- pour l'origine, la nationalité : *Somos de Argentina.*
- pour décrire : *Luis es moreno y simpático.*
- avec un nombre : *Somos siete.*
- pour dire l'heure : *Son las doce.*
- pour traduire « c'est »: *Es el mapa de España.*

◆ J'emploie le verbe **estar** :
- pour situer et me situer :
España está en Europa. Estoy en Madrid.
Dans ce cas **estar** a le sens de «se trouver».
- pour exprimer une action en cours avec le gérondif :
Estamos leyendo un libro muy interesante.

▸ Attention : avec «bien» et « mal» j'utilise **estar** : *Está bien. Está mal.*

■ **Complète avec «ser» ou «estar».**

1. Los alumnos ... en el patio.
2. Silvia y María... altas.
3. ¿Qué ...estudiando Manuel?
4. El libro ... encima de la mesa.
5. ¿... usted de aquí? No ... de Madrid.
6. Los chicos ... trabajando porque ... las ocho y media.

2 Le gérondif

◆ **La formation du gérondif**
*habl**ar** → habl**ando**; aprend**er** → aprend**iendo**; sal**ir** → sal**iendo***
▸ Attention : *le**er** → le**yendo**; hu**ir** → hu**yendo***

◆ **Quelques gérondifs irréguliers**

dormir → durmiendo   *poder → pudiendo*   *decir → diciendo*
seguir → siguiendo   *venir → viniendo*   *pedir → pidiendo*

◆ **La forme progressive**
Pour exprimer une action en cours, j'utilise :
estar + gérondif : être en train de...
Ana está escuchando la radio.

◆ **L'enclise**
Je remarque que le pronom s'accroche à la fin du gérondif pour ne former qu'un seul mot :
*¿Qué estás haciendo? / Estoy bañándo**me**.*
L'enclise se fait aussi avec l'infinitif : *No quiere bañar**se***
et avec l'impératif : *Cálla**te**.*

■ **¿Qué están haciendo?**

1. dormir

2. leer

3. jugar

4. ver la televisión

3 Le présent de l'indicatif : les verbes à diphtongue

QUERER	CONTAR
quiero	cuento
quieres	cuentas
quiere	cuenta
queremos	contamos
queréis	contáis
quieren	cuentan

Au présent de l'indicatif, certains verbes diphtonguent, c'est-à-dire que la voyelle du radical se modifie :
querer: **e → ie** ; *contar*: **o → ue** ; *jugar*: **u → ue**

▸ Je remarque que la 1ᵉ et la 2ᵉ personne du pluriel ne diphtonguent pas.

▸ Je retiens ces verbes à diphtongues que j'ai rencontrés dans l'unité :
empezar, pensar, poder, soñar, dormir, torcer.

■ **Réponds aux questions.**

1. ¿A qué hora empiezas las clases los viernes?
2. ¿Puedes contar en español?
3. ¿Quieres ir a España?
4. ¿Con qué sueñas?

4 Le présent de l'indicatif : les verbes à affaiblissement

PEDIR (e →i)
pido
pides
pide
pedimos
pedís
piden

Maintenant je sais que, au présent de l'indicatif de certains verbes le **e** du radical se transforme en **i**.

▸ Je remarque que la 1e et la 2e personne du pluriel ne changent pas.

▸ Je retiens ces verbes qui se conjuguent comme **pedir** : *seguir, sonreír, vestir*.

■ Conjugue les verbes entre parenthèses au présent de l'indicatif.

1. Toni … (pedir) un diccionario.
2. ¿… (tú-seguir) en el patio?
3. … (yo-seguir) las instrucciones.
4. Los niños … (sonreír).

5 Le présent de l'indicatif de hacer, salir et decir

HACER	SALIR	DECIR
hago	salgo	digo
haces	sales	dices
hace	sale	dice
hacemos	salímos	decimos
hacéis	salís	decís
hacen	salen	dicen

▸ Je remarque que **hacer** et **salir** sont irréguliers à la première personne du singulier.

▸ Je remarque aussi que **decir** est irrégulier à la première personne du singulier. Ensuite il se conjugue comme **pedir**.

■ Conjugue les verbes au présent de l'indicatif.

1. ¿Qué … (tú-decir)? ¿Puedes repetir?
2. No … (yo-hacer) los ejercicios porque … (yo-estar) cansado.
3. – ¿A qué hora … (tú-salir)?
   – … (yo-salir) a las cinco.
4. … (ellos-salir) los fines de semana.
5. … (yo-decir) la verdad.

6 Les adjectifs démonstratifs et les adverbes de lieu

Adjectifs démonstratifs		Adverbes de lieu
singulier	**pluriel**	
Este niño **Esta** flor	**Estos** niños **Estas** flores	**aquí**
Ese niño **Esa** flor	**Esos** niños **Esas** flores	**ahí**
Aquel niño **Aquella** flor	**Aquellos** niños **Aquellas** flores	**allí**

Ces adjectifs et ces adverbes indiquent la proximité ou l'éloignement.

Esta flor

Esa flor

Aquella flor

■ Complète avec un adjectif démonstratif.

Aquí hay un cuadro →
Me gusta este cuadro.

1. Ahí hay unos relojes. Me gustan… relojes.
2. Allí hay unas estatuas. ¿Te gustan… estatuas?
3. Aquí hay una montaña. Me gusta… montaña.
4. Allí hay un pueblo. ¿Te gusta… pueblo?

■ Connais-tu bien ton unité ?

1. Dans le texte «Tierras de España», p. 25 relève tous les noms propres. Situe-les sur une carte.
2. Dans les textes «Castigado» p. 30 et «Vida escolar», p. 35 retrouve tous les chiffres et classe-les.

¡UTILIZA LA LENGUA!

Escucha y entrénate

1. **Écoute et répète ces mots que tu as rencontrés dans l'unité :**

- Castilla • mar • soñar • sonreír
- izquierda • Correos • cine • hora
- noviembre • jueves

2. Trabalenguas

«Cuando cuentes cuentos, cuenta cuantos cuentos cuentas.»

3. Le son "ll"

Écoute le poème.

Por allí, por allá,
a Castilla se va.
Por allá, por allí,
a mi verde país.
Quiero ir por allí,
quiero ir por allá.
A la mar, por allí ;
a mi hogar, por allá.

Rafael Alberti, *Poesía española para niños*, 1998

Recuerda las palabras

Regarde bien le plan et fais des phrases en reliant les mots suivants. Exemple : El aula 1 está al lado de la biblioteca

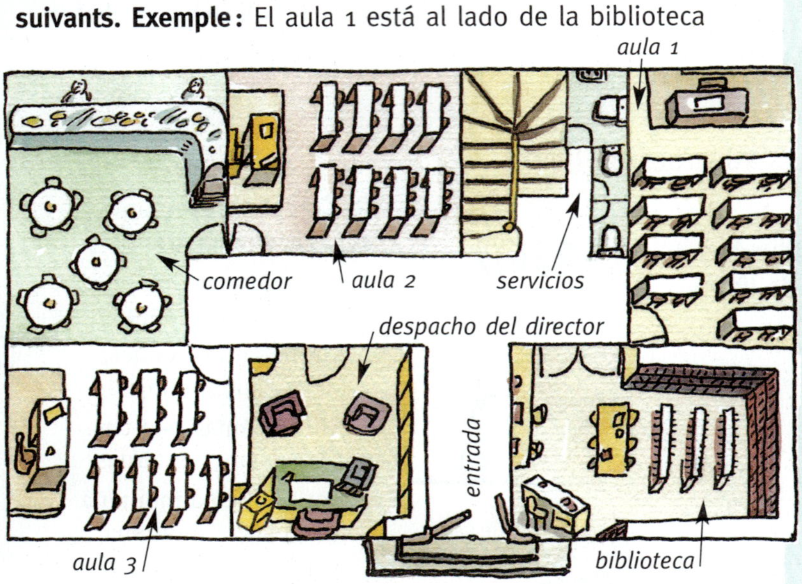

el comedor la biblioteca el aula 3 el aula 2 los servicios el aula 1 el despacho la entrada	**está** **están**	lejos de al fondo de a la derecha de entre a la izquierda de al lado de enfrente de	la biblioteca el pasillo el aula 1 el aula 3 la entrada el aula 1 el despacho el comedor

Comunícate

1. Tu es à l'entrée du collège. Un nouvel élève te demande son chemin. Il veut aller :

- à la cantine • en salle 1
- à la bibliothèque.

– Por favor, ¿cómo se va a ... ?
– Pues ...

2. Pablo a résumé ici sa journée.

MIÉRCOLES
7h: me levanto
8h: voy a la escuela
8h30 a 12h30: estudio
13h a 14h: como con los amigos
15h: hago los deberes
17h: voy a la piscina
19h: leo un libro
20h: ceno
21h: veo la televisión
22h: me baño
22h30: me acuesto

Raconte-la à un(e) camarade (utilise la 3e pers. du sing.) :
El miércoles, Pablo se levanta a las ...

¿Qué tal tu familia?

Tu vas apprendre à :

- parler de ta famille, de ta maison
- comparer
- exprimer l'obligation et l'habitude

Tu vas utiliser :

- les comparatifs, les superlatifs
- l'imparfait
- le passé composé
- les adjectifs et les pronoms possessifs
- les nombres de 40 à 101

Lazos familiares

Mi familia

La *madre* está a la izquierda, detrás de su hijo pequeño.
El *hijo* mayor está entre el padre y la madre.
El *padre* está a la derecha, al lado del loro.
El *abuelo* está delante del loro y al lado de su *nieta*.
La *hija* está entre su abuelo y su *hermano* pequeño.
El *hijo* pequeño está a la izquierda, delante de su madre.

Para decirlo

padre
madre
hijo(a): *fils, fille*
hermano(a): *frère, sœur*
abuelo(a): *grand-père, grand-mère*
nieto(a): *petit-fils, petite-fille*
tío(a): *oncle, tante*
primo(a): *cousin(e)*

1 Describe a los miembros de esta familia.

2 Imagina la edad que tienen.

Les adjectifs possessifs

singulier	pluriel
mi	mis
tu	tus
su	sus
nuestro(a)	nuestros(as)
vuestro(a)	vuestros(as)
su	sus

Practica

Transforma las frases según el modelo.

Tengo un loro que se llama Pipo.
→ Mi loro se llama Pipo.

1. Tienes dos hermanas que son muy simpáticas.
2. Tenemos una hija que se llama Lola.
3. Tengo un abuelo que me cuenta cuentos.
4. Tiene una familia que es muy original.

La familia de Celia

La tía Cecilia, que es hermana de mamá, vive lejísimos, y viene ahora a casa a pasar una temporada[1].
Los primos son tres: José Ramón, que es más pequeño que yo; Miss-Fly y Pili, que son mellizas[2] y tienen dos años.
Miss-Fly es rubia con los ojos azules y el pelo rizado, como Julieta, mi muñeca[3]. La llaman así porque su mamá dice que se parece a[4] una inglesa que conoció[5] no sé dónde. Pili es menos rubia pero igual de salada[6].

D'après Elena Fortún, *Celia y sus amigos*, 1995

1 ¿De qué miembros de su familia habla Celia?

2 Describe a sus primos.

3 Explica por qué una de las mellizas se llama Miss-Fly.

---

1. *quelque temps*
2. *jumelles*
3. *ma poupée*
4. se parece a: *elle ressemble à*
5. que conoció: *qu'elle a connue*
6. pero igual de salada: *ici, mais aussi drôle*

Palabras

40	cuarenta
41	cuarenta y uno
50	cincuenta
60	sesenta
70	setenta
80	ochenta
90	noventa
100	cien
101	ciento uno

Les comparatifs

De supériorité : **más … que** *(plus … que)*
Mario es más alto que Marisa.

D'infériorité : **menos … que** *(moins …que)*.
Carmen es menos rubia que Marisa.

D'égalité : **tan … como** *(aussi …que)*
Sergio es tan moreno como su padre.

Les comparatifs irréguliers :

bueno	→ **mejor**	malo	→ **peor**
grande	→ **mayor**	pequeño	→ **menor**

Les superlatifs

Pour former le superlatif, j'utilise **muy** *(très)*, ou j'ajoute les terminaisons : **-ísimo(s)**, **-ísima(s)**

Vive muy lejos.
Vive lejísimos.

Practica

1. Escribe tres frases con los comparativos de igualdad, de superioridad y de inferioridad.
2. Escribe tres frases con los comparativos irregulares.

¡Estos padres!

El final de las vacaciones

Rafa Ramos, *Leo Verdura*

1 ¿Dónde está la familia Verdura?

2 ¿Quiénes son los miembros de la familia?

3 ¿Qué pasa? ¿Cuál es la reacción del padre?

4 ¿Qué hacen sus hijos y su esposa?

5 ¿Te parece divertido *(amusant)* el cómic? ¿Por qué?

---

1. *les vacances sont finies*
2. *il faut le retrouver*
3. *on doit rentrer à la maison*
4. *ils m'ont vu*
5. *ne vous approchez pas !*
6. *allez, papa !*
7. *je refuse de*
8. *un rapt*
9. *je vais me plaindre*

L'obligation

- **L'obligation personnelle** : **Tener que** + infinitif
  Tenemos que volver a casa.
  Nous devons rentrer à la maison.
- **L'obligation impersonnelle** : **Hay que** + infinitif
  Hay que encontrarlo.
  Il faut le retrouver.

Practica

1. Transforma estas frases en una obligación impersonal.

a. Tenemos que volver a casa.
b. Tienes que hacer las maletas.
c. Tengo que empezar el colegio en septiembre.

2. Utiliza la obligación personal.

a. ...(vosotros-llevar) el libro a casa.
b. ...(tú-aprender) el poema de memoria.
c. ...(yo-escuchar) al profesor y a mis compañeros.

Los domingos de Lili

¡Papá! Los domingos venía desde su querida ciudad de playa y flores, para ver a Lili. Llamaban al timbre y allí estaba él con un regalo envuelto[1] en papel de colores. Se iban los dos, comían en sitios divertidos, se reían, iban al cine a primera sesión y devoraban palomitas[2]. Con él era fácil hablar. Se podía hablar de todo y nunca[3] pasaban más de un minuto en silencio. Su madre solía[4] decir, cuando aún vivían juntos: «Es mareante»[5]. Pero a Lili no le mareaba.

Gonzalo Moure, *Lili, libertad*, 1996

1. ¿Cuándo veía Lili a su padre?
2. ¿Qué hacían cuando estaban juntos?
3. ¿Cómo se sentía Lili con su padre?
4. Ahora imagina: ¿por qué veía Lili a su padre solamente los domingos?

---

1. *un cadeau enveloppé*
2. *du pop-corn*
3. *jamais*
4. *avait l'habitude de*
5. *il est fatigant*

Dos chicas en el cine comiendo palomitas

L'imparfait de l'indicatif

ESTAR	SOLER	SENTIR
estaba	solía	sentía
estabas	solías	sentías
estaba	solía	sentía
estábamos	solíamos	sentíamos
estabais	solíais	sentíais
estaban	solían	sentían

Soler + infinitif : *Ella solía ir al cine.*
Elle avait l'habitude d'aller au cinéma.

Les trois imparfaits irréguliers
Ver: veía, veías, veía, veíamos, veíais, veían
Ser: era, eras, era, éramos, erais, eran
Ir: iba, ibas, iba, íbamos, ibais, iban

Practica

1. Conjuga en imperfecto los verbos entre paréntesis.
a. Cuando estaba con su padre, Lili ...(sentirse) contenta.
b. Los domingos, su padre ... (soler) llevarla al cine.
c. Eran felices cuando...(estar) juntos.

2. Pon en imperfecto los verbos subrayados *(soulignés)*.
a. Suelen ir al cine los domingos.
b. Voy a ver a mi padre.
c. Me río cuando estoy contigo.

Escucha

1. ¿Cómo es el padre de Nicolás?
2. ¿Qué es lo peor para Nicolás?
3. ¿Está mucho o poco en casa el padre de María?
4. ¿Adónde van María y su padre?
5. ¿Qué comen cuando su madre no está en casa?

¿Cómo es tu casa?

Así es mi casa

Palabras

1. la pared
2. la ventana
3. la puerta
4. la escalera
5. la cocina
6. la habitación, el dormitorio
7. el cuarto de baño
8. el comedor
9. el jardín
10. el garaje

Taziz descubre la ciudad

Las casas eran muy diferentes de la suya[1], aunque[2] también estaban construidas, en parte, con madera[3]. Tenían paredes de piedra y adobe[4], dos y hasta tres pisos[5], grandes ventanas pintadas de colores, rojo, azul, verde, puertas bellamente labradas[6].

Jordi Sierra, *El hombre que perdió su imagen*, 2000

1 ¿Con qué estaban construidas las casas?

2 ¿Cuántos pisos tenían?

1. *la sienne*
2. *bien que*
3. *le bois*
4. *brique de terre séchée*
5. *étages*
6. *ouvragées*

Les pronoms possessifs

el mío	la mía
el tuyo	la tuya
el suyo	la suya
el nuestro	la nuestra
el vuestro	la vuestra
el suyo	la suya

Practica

Transforma las frases.

1. ¿Es su casa? → Sí, es la suya.
2. ¿Es tu perro? → Sí, …
3. ¿Son tus libros? → Sí, …
4. ¿Es tu habitación? → No, …

Amores urbanos

1 ¿De qué color son las casas?

2 ¿En qué piso está la señora? ¿Y el señor?

3 ¿Por qué canta el señor?

4 ¿Qué hace la señora?

Palabras

1°	primero
2°	segundo
3°	tercero
4°	cuarto
5°	quinto
6°	sexto
7°	séptimo
8°	octavo
9°	noveno
10°	décimo

Les ordinaux

- Les ordinaux s'accordent avec le nom : *la segunda ventana.*
- L'apocope : devant un nom masculin singulier le **-o** final de **primero** et **tercero** disparaît : *el primer piso, el tercer edificio.*

Practica

Completa con un ordinal.

1. Vivo en el …(2) piso en la …(4) puerta.
2. Mis amigos han ganado el … (1) premio.
3. Eres el …(6) en la fila y yo el …(3)
4. Es mi … (10) clase de español.

Casa

Ventanas azules,
verdes escaleras,
muros amarillos
con enredaderas[1],
y, en el tejadillo,
palomas caseras[2].

Clemencia Laborda,
Poesía española para niños,
1977

1. *plantes grimpantes*
2. *pigeons domestiques*

1 Aprende de memoria esta poesía.

2 Vuelve a escribir la poesía. Pon en singular los nombres y los adjetivos.

¿Me quieres?

Mi padre y yo

Mi padre me ha firmado[1] un cheque por mi cumpleaños y por haber aprobado[2] con buenas notas la selectividad[3]. Es para lo que nos hemos citado aquí [...]. Me ha dicho[4] [...] que lo primordial es dominar la electrónica y tener un inglés perfecto. “Hoy en día hay mucha competitividad, hijo, tú has perdido un año y la edad se echa encima”. Y que precisamente por ser un superdotado, no debo dispersarme ni coquetear[5] con tantas cosas al tiempo. [...] Ahora me está diciendo que de qué me puede servir, por ejemplo, estudiar tan a fondo el italiano, y lo mismo opina del saxo, se me da bien, de acuerdo, pero nunca voy a llegar a virtuoso.

Carmen Martín Gaite, *Los parentescos*, 2001

Blanca Vernis: *Jazz, 2001*

1 ¿Por qué le ha firmado un cheque su padre?

2 ¿Qué le ha dicho su padre?

3 ¿Estás de acuerdo con el padre? ¿Por qué?

1. *m'a signé*
2. haber aprobado: *avoir été reçu*
3. la selectividad: *le baccalauréat*
4. *il m'a dit*
5. *flirter*

Le passé composé (pretérito perfecto)

FIRMAR	APRENDER	VIVIR
he firmado	he aprendido	he vivido
has firmado	has aprendido	has vivido
ha firmado	ha aprendido	ha vivido
hemos firmado	hemos aprendido	hemos vivido
habéis firmado	habéis aprendido	habéis vivido
han firmado	han aprendido	han vivido

- Le passé composé se forme avec le présent de l'indicatif du verbe **haber** + le participe passé.
- Le participe passé employé avec **haber** reste invariable.

Practica

1. Escribe en pretérito perfecto.

a. Mi padre me firma un cheque.
b. Estudio electrónica.
c. Aprendemos inglés.
d. Viven en Europa.

2. El hijo explica a su padre por qué le gusta tocar el saxo.

a. Me gusta tocar porque ...
b. Con la música ...

Diario de un enamorado

Un chico enamorado escribe en su diario:

9 de agosto Hoy me ha mirado trece veces.

13 de agosto Hoy sólo cuatro veces. [...]

20 de agosto ¡Veinte veces!

22 de agosto No he podido contarlas. Ha venido peinada[1] de otra manera. [...]

31 de agosto Ha venido Marta y me ha invitado a jugar. Todo muy bien. Hemos ganado nosotros. Creo que estoy enamorado de Marta. Creo que ella también siente lo mismo, pero no estoy seguro.

La anotación siguiente, la del 3 de septiembre, manifestaba una novedad[2].

3 de septiembre Hoy no nos hemos quedado en la terraza, hemos ido a la plazoleta[3] de la fuente. [...] He escrito a casa diciendo que me quedaré otro mes más.

5 de septiembre Marta me ha dado un beso. Marta, te quiero.

Bernardo Atxaga, *Historia de Obaba*, 1997

Quino, *10 años con Mafalda*, 1973

1. ¿Cuáles son los sentimientos del chico por Marta?
2. ¿Qué ha hecho el 3 de septiembre?
3. ¿Por qué ha escrito el chico a sus padres?

---

1. *elle était coiffée*
2. *une nouveauté*
3. *la petite place*

Les participes passés irréguliers

escribir → escrito
decir → dicho
hacer → hecho
ver → visto

QUERER

Ce verbe a deux sens : aimer et vouloir.
Te quiero. Je t'aime.
Quiero ir al cine.
Je veux aller au cinéma.

Practica

1. Escribe en pretérito perfecto (passé composé).

a. No veo a Marta.
b. Le digo que es guapa.
c. Juego con Marta.
d. Marta me escribe.

2. Escribe la carta que el chico envía a su familia para decir que se queda otro mes más. Utiliza estas palabras:

• conocer • quedarse • estar enamorado
• guapa • volver más tarde • ser feliz • querer

Queridos padres: He conocido...

Recuerda

Les verbes à diphtongue → pp. 25 et 27

1. Conjuga los verbos en presente de indicativo.

a. ... (él-sentir) lo mismo que ella.
b. ... (él-soñar) con ella.
c. ... (él-pensar) en ella.
d. No ... (él-poder) estar sin ella.

L'imparfait → p. 45

2. Pon los verbos en imperfecto de indicativo.

a. El chico siente que se enamora.
b. Salgo con Marta.
c. Voy a la plazoleta.

Nos cambiamos de casa

Pocos meses después nos cambiamos de casa. Por supuesto, compramos ese pisazo[1] estupendo que se vendía cerca de donde viven mis tíos Jacinto y Elvira, en el barrio sin árboles repleto de[2] cagadas de perros.

La casa, Juanjo, era enorme, llena de habitaciones y con un salón tan grande que parecía un campo de fútbol; además, tenía dos puertas, una principal y otra de servicio.

Lo mejor para mí –en eso tenía razón mi abuela Carmela– era la proximidad con mi prima Raquel. Mi prima, además de ser mi prima, es ... ¿cómo decirte? mi mejor amiga. Desde el momento del cambio de vivienda[3], nos veíamos más a menudo[4] y teníamos ocasión de charlar[5] de nuestras cosas.

Creo que a mi prima y a mí, lo que más nos gusta es charlar y charlar. Otros se divierten jugando a destruir naves espaciales en la pantalla de un ordenador, o luchando contra monstruos gigantescos que dan patadas a diestro y siniestro[6]... Nosotros lo pasamos mejor charlando.

Alfredo Gómez Cerdá,
El negocio de papá, 1990

1. *ce grand appartement*
2. *plein de*
3. *logement*
4. *souvent*
5. *bavarder*
6. *qui donnent des coups de pied dans tous les sens*

1 ¿Cómo es la nueva casa?

2 ¿Cuál era la principal ventaja del cambio de casa para el protagonista? ¿Por qué?

3 ¿Cómo se divierten Raquel y su primo?

4 ¿A ti te gusta tu casa? ¿Por qué?

Recuerda

1. **Transforma en obligación personal.**
   a. Hacemos algunas reformas.
   b. Me voy de mi barrio.
   c. Compras un piso.
2. **Transforma en obligación impersonal.**
   a. Tengo que irme a otro barrio.
   b. Tenemos que marcharnos de esta casa.
   c. Tiene que encontrar una salida.
3. **Pon en imperfecto de indicativo.**
   a. Se vende un piso estupendo.
   b. Ese barrio está muy lejos.
   c. El niño se va de su casa.
   d. Es un piso enorme.
4. **Pon en pretérito perfecto** (passé composé).
   a. Dice Tomás que Raquel viene a charlar.
   b. Cambiamos de casa.
   c. Carmela vive en mi barrio.
   d. Escribo a mi prima.

¿Cuántos somos?

1 ¿Cuántos pisos hay en este edificio?

2 Describe a las personas que están en los balcones.

3 ¿Para qué sirven los censos?

---

1. *chaque personne compte*
2. *recensement*

Con método

Comenta el anuncio siguiendo las instrucciones.

1. Identificación:
- ¿Quién?
  La publicidad la promueve...
- ¿Para quién?
  Se dirige a ...
- ¿Por qué?
  Pretende vender, dar un mensaje ... *(délivrer un message)*
- Su objetivo es Ø vender /informar...

2. Análisis global:
- El anuncio se compone ... de una foto, un dibujo *(un dessin)*, un lema o un eslogan, un texto ...

3. Análisis detallado:
- Podemos ver en el centro ..., a la derecha..., a la izquierda..., arriba *(en haut)* ..., abajo *(en bas)*...
- Las letras del eslogan son ...
- Los colores que emplea son...

4. Conclusión:
- Pienso que es original porque...
- Puede ser eficaz porque ...
- (No) me gusta porque...
- (No) me divierte...

De casa en casa

Desde el comienzo de la Humanidad, el ser humano ha buscado un lugar donde cobijarse[1]. De las cuevas[2] prehistóricas a las casas más futuristas, la vivienda siempre se ha adaptado a las necesidades de las personas, al clima y a la cultura de cada país. Aquí tienes unas fotos de diferentes tipos de casas a través del mundo hispano.

1. *s'abriter*
2. *grottes*

Rascacielos en Barrio Polanco, Ciudad de México. *La arquitectura de la ciudad de México es rica y variada. Un ejemplo de ello son los modernos rascacielos que dan a la ciudad un carácter cosmopolita.*

Casas coloniales de La Habana, Cuba. *La Habana Vieja reúne el conjunto arquitectónico de la época de la colonia española mejor preservado de América. Este conjunto ha sido declarado Patrimonio Cultural de la Humanidad por la UNESCO.*

Una familia mexicana delante de su casa.

¿Qué sabes de ...?

- La arquitectura de Ciudad de México.
- Un arquitecto catalán del siglo XX.
- Los pueblos típicos andaluces.

La Casa Milá de Gaudí.
En Barcelona se puede admirar esta casa, obra de Antonio Gaudí (1852-1926). Este arquitecto es considerado como la figura más importante del «Modernismo catalán». Gaudí fue el creador de un estilo personal, único e incomparable.

Un pueblo blanco de Andalucía.
Las construcciones típicas del sur de España son las casas blancas, « encaladas ». Sirven para protegerse del calor, que puede ser muy fuerte en verano en esta región.

Una plaza en un pueblo de Galicia
En la mayoría de los casos, la arquitectura se adapta al clima. En algunos pueblos del norte de España se puede ver este tipo de plazas con calles cubiertas. Estos soportales sirven para protegerse del frío, de la lluvia e incluso del calor.

Escucha

1. ¿Qué van a visitar los turistas?
2. ¿En qué ciudad española está el palacio?
3. ¿Quién era Antonio Gaudí?
4. Describe el palacio.

WWW

http://www.geocities.com/soho/lofts/9477/gaudi.htm

RECUERDA Y PRACTICA

1 Les adjectifs possessifs

singulier	pluriel
mi	mis
tu	tus
su	sus
nuestro/a	nuestros/as
vuestro/a	vuestros/as
su	sus

▸ Note que **su** peut traduire son (sa), leur et votre suivant le contexte.

Complète avec l'adjectif possessif.

1. Es … dormitorio (1e pers. sing.)
2. Te presento a… padres. (1e pers. sing.)
3. ¿Son … abuelos? (2e pers. sing.)
4. Os damos … dirección. (1e pers. pl.)
5. Señora ¿es … casa? (3e pers. sing.)

2 Les pronoms possessifs

singulier		pluriel	
el mío	la mía	los míos	las mías
el tuyo	la tuya	los tuyos	las tuyas
el suyo	la suya	los suyos	las suyas
el nuestro	la nuestra	los nuestros	las nuestras
el vuestro	la vuestra	los vuestros	las vuestras
el suyo	la suya	los suyos	las suyas

Transforme suivant le modèle.

Es mi casa → Es la mía.
1. Es nuestro garage →
2. Es tu habitación →
3. Es su colegio →
4. Son mis padres →

3 Les comparatifs et les superlatifs

◆ **La supériorité : más** … **que** (plus … que).
Mi hermano es más alto que yo.

◆ **L'infériorité : menos … que** (moins …que).
Pili es menos rubia que su hermana.

◆ **L'égalité : tan … como** (aussi …que).
Sergio es tan moreno como su padre.

▸ **Retiens bien les quatre comparatifs irréguliers :**
bueno → **mejor**; *malo* → **peor**;
grande → **mayor**; *pequeño* → **menor**

◆ **Les superlatifs:** j'utilise **muy** suivi de l'adjectif *Una casa muy moderna* ou j'ajoute les terminaisons: **-ísimo(s), -ísima(s)**: *Una casa modernísima.*

Fais des phrases avec :

1. más … que.
2. menos … que.
3. tan … como.

Trouve le superlatif des adjectifs suivants.

1. El libro es viejo.
2. La casa está limpia.
3. La chica es simpática.
4. Los paisajes son bellos.

4 L'obligation

◆ **L'obligation personnelle** avec :
Tener que + infinitif.
Tengo que estudiar. Le sujet est clairement exprimé.

◆ **L' obligation impersonnelle** avec :
Hay que + infinitif.
Hay que estudiar. Le sujet n'est pas exprimé.

Exprime l'obligation personnelle.

1. Los alumnos aprenden la lección.
2. Celia y sus primos no salen del jardín.

Exprime l'obligation impersonnelle.

1. Colegio/ al/ volver/ en / septiembre.
2. No / palomitas / en el cine / comer.

5 L'imparfait de l'indicatif

Verbes réguliers		
CAMINAR	COMPRENDER	VIVIR
camin**aba**	comprend**ía**	viv**ía**
camin**abas**	comprend**ías**	viv**ías**
camin**aba**	comprend**ía**	viv**ía**
camin**ábamos**	comprend**íamos**	viv**íamos**
camin**abais**	comprend**íais**	viv**íais**
camin**aban**	comprend**ían**	viv**ían**

▸ Remarque les deux terminaisons de l'imparfait **-aba** pour les verbes en **-ar** et **-ía** pour les verbes en **-er** et **-ir**.

▸ N'oublie pas les trois imparfaits irréguliers :
ver: veía, veías, veía, veíamos, veíais, veían;
ir: iba, ibas, iba, íbamos, ibais, iban; **ser:** era, eras, era, éramos, erais, eran

Mets à l'imparfait les verbes entre parenthèses.

1. Matilde … (estar) satisfecha porque … (triunfar) en la vida.
2. Lili no … (ver) a su padre los miércoles.
3. Lili … (ir) al cine los domingos y … (comer) palomitas.
4. El y su prima … (ser) amigos y … (soler) salir mucho.

6 L'habitude

Pour exprimer l'habitude, j'utilise le verbe **soler** + infinitif : *Los sábados suelo ir al cine.* Le samedi, d'habitude, je vais au cinéma.

▸ Attention **soler** est un verbe qui diphtongue au présent :
suelo, sueles, suele, solemos, soléis, suelen

Transforme ces phrases avec le verbe « soler » (au présent ou à l'imparfait selon les cas).

1. Vamos al cine los domingos.
2. El abuelo pasea con su nieta.
3. Veían a sus primos durante las vacaciones.
4. Salía con mis amigos los fines de semana.

7 Le passé composé (pretérito perfecto)

FIRMAR	APRENDER	VIVIR
he firm**ado**	he aprend**ido**	he viv**ido**
has firm**ado**	has aprend**ido**	has viv**ido**
ha firm**ado**	ha aprend**ido**	ha viv**ido**
hemos firm**ado**	hemos aprend**ido**	hemos viv**ido**
habéis firm**ado**	habéis aprend**ido**	habéis viv**ido**
han firm**ado**	han aprend**ido**	han viv**ido**

Je sais que le passé composé se forme avec le présent de l'indicatif du verbe **haber** suivi du participe passé (terminaisons **-ado** pour les verbes en **-ar**, **-ido** pour les verbes en **-er** et **-ir**).

▸ Retiens que le participe passé employé avec **haber** reste toujours invariable.

▸ N'oublie pas ces participes irréguliers :
abrir → **abierto**; decir → **dicho**; escribir → **escrito**;
hacer → **hecho**; ver → **visto**, volver → **vuelto**.

Mets les phrases au passé composé.

1. Marta habla con Sebastián.
2. Sebastián escribe una carta a sus padres.
3. El chico no dice la verdad.
4. Esta semana veo a mis amigos.

Connais-tu bien ton unité ?

1. Dans le texte de la p. 45 «Los domingos de Lili» retrouve tous les verbes qui sont à l'imparfait et donne leur infinitif. **2.** Dans le texte de la p. 49 «Diario de un enamorado» retrouve tous les participes passés et donne leur infinitif.

¡UTILIZA LA LENGUA!

Escucha y entrénate

1. Écoute et répète ces mots que tu as déjà rencontrés dans l'unité.

- ejercer • la paja • lejísimos
- el cheque • las mellizas
- la chimenea • el silencio
- la sesión • la piedra • los ojos

2. Trabalenguas: le son "rr"

«Había un perro
debajo un carro
vino otro perro
le mordió en el rabo
vino otro perro
le mordió en la barriga
y se fueron corriendo
la calle arriba.»

3. Trabalenguas

«Me han dicho un dicho, que han dicho que he dicho yo. Si ese dicho lo hubiera dicho yo, estaría mejor dicho que el dicho que han dicho que he dicho yo.»

Recuerda las palabras

1. Adivinanzas

Soy el hermano de tu padre; entonces soy tu...
Soy la hija de tu hermano; entonces soy tu...
Soy la hija de tu hija; entonces soy tu...

2. Compare ces deux maisons. Tu peux t'aider des adjectifs de la boîte.

grande
bonita
cómoda
moderna
pequeña
agradable
vieja

Comunícate

1. ¿Qué tiene que hacer María el sábado?

María tiene que ir al dentista a las diez y media.

10h30	ir al dentista
12h	comer con Sergio
15h30	hacer gimnasia en el polideportivo
17h	ir de compras
18h	comprar las entradas de teatro
20h15	quedar con Marta para ir al teatro

2. Trouve la solution

Pedro y su hija, Paco y su mujer están reunidos. Se comen nueve pasteles y todos tocan a tres. **¿Cómo te lo explicas?**

Unidad 4

¿Cómo va todo?

Tu vas apprendre à :

- parler de la vie quotidienne
- parler des rencontres, des relations avec les autres
- exprimer un but
- exprimer un doute

Tu vas utiliser :

- le présent de l'indicatif des verbes en *-ecer*, *-ocer*, *-ucir*
- le subjonctif présent
- les pronoms personnels
- les adverbes en *-mente*

¿Quedamos?

Para decirlo

la cita: *le rendez-vous*
el coche: *la voiture*
la moto
deprisa ≠ despacio: *vite ≠ lentement*
tardar: *mettre du temps à*
la pareja: *le couple*
el novio, la novia: *le fiancé, la fiancée*
el guardia: *l'agent de police*

---

1. *de bavardage*
2. *pleine à craquer*
3. *quel embouteillage !*
4. *pendant ce temps*
5. *arrivera-t-il à l'heure ?*
6. *faire un détour*

1 ¿Cuánto tiempo tarda Jaime en llegar a su cita?

2 ¿Qué pasa a las 5:45?

3 ¿Al final llega a la hora? ¿Por qué?

■ Analiza esta publicidad con la ayuda de la ficha «Con método» p. 51

Les adverbes en *-mente*

Pour former un adverbe on met l'adjectif au féminin et on ajoute la terminaison **-mente**.

claro → *clara* → *clara**mente***
paciente (inv) → *paciente**mente***

Practica

Forma el adverbio.

1. Tengo ganas de llegar … (rápido).
2. La chica espera … (impaciente).
3. La abuela va … (tranquila).
4. Me gusta conducir … (lento).

Lidia y Fernando

FERNANDO: Yo a ti te conozco.
LIDIA: Claro, me conoces porque te vas a casar conmigo[1].
FERNANDO: Huy ¡Qué graciosa[2]! ¿Cómo me voy a casar contigo[3] si no te conozco?
LIDIA: ¿No has dicho que me conocías?
FERNANDO: Era una forma de hablar, de tener una conversación.
LIDIA: Ah ¡Qué listo![4]
FERNANDO: ¿Cómo te llamas?
LIDIA: Lidia. Bueno. Lidia Costanza.
FERNANDO: Es un nombre precioso.
LIDIA: ¿Y tú?
FERNANDO: Fernando Berrugón.
LIDIA: Tampoco está mal. […]
FERNANDO: ¿Nos volveremos a ver?
LIDIA: Si tú quieres.
FERNANDO: Claro que quiero.
LIDIA: ¿Tú vienes mucho a este bar?
FERNANDO: Los miércoles, sólo los miércoles.
LIDIA: Hasta el miércoles Fernando.
FERNANDO: Adiós Lidia.

D'après Adolfo Marsillach, *Feliz aniversario*, 1992

Abel Quezada: *El tango*, 1980

1 ¿Se conocen los dos protagonistas? ¿Cómo se ve?

2 ¿Qué piensa Fernando del nombre de la chica?

3 ¿Que día de la semana suele ir al bar Fernando?

4 ¿Te parece que se entienden bien estos jóvenes?

---
1. *tu vas te marier avec moi*
2. *qu'est-ce que tu es amusante !*
3. *avec toi*
4. *qu'est-ce que tu es malin !*

Recuerda

Le présent de l'indicatif et l'heure
→ pp. 20 et 30

Conjuga los verbos y completa con la hora:

1. ... (yo-salir) del trabajo ...(18h).
2. Jaime ... (llegar) a la Gran Vía ... (17'30).
3. Susana ... (encontrarse) con su novio... (19'45).

Le présent de l'indicatif

verbe irrégulier

CONOCER

conozco	conocemos
conoces	conocéis
conoce	conocen

▸ La première personne du présent de l'indicatif des verbes en **-ocer**, **-ecer** et **-ucir** est irrégulière :
traducir → traduzco
obedecer → obedezco

Practica

Conjuga los verbos entre paréntesis en primera persona del presente de indicativo.

1. No … (conocer) a Lidia.
2. … (conducir) el coche de mi padre.
3. No … (traducir) el texto.
4. … (obedecer) a mis padres.

Vida sentimental

Laura está triste

Ya hemos llegado a Madrid. Nos hallamos instalados[1] en un piso de las afueras[2]. Mi corazón se hunde[3] en la tristeza cada dos por tres[4]. Me acuerdo[5] mucho de mis amigas y me cuesta muchísimo empezar aquí de nuevo. En el colegio soy Laura «la nueva», y en mi casa me paso las horas muertas en mi cuarto mirando a los chicos jugar, desde mi ventana. Me siento como si lo hubiera perdido todo o me hubiera perdido yo. Sólo me quedan unas ganas terribles de llorar[6]. Mamá está preocupada por mí e intento[7] disimular para que sea una sola la que sufra. Espero que lleve razón[8] y llegue pronto ese día en que me encuentre mejor aquí que en ningún otro lugar.

Miguela del Burgo,
Adiós Alvaro, 1989

Salvador Dalí: *Muchacha en la ventana*, 1925

1 ¿De qué habla Laura?

2 ¿Cómo llaman a Laura en el colegio?

3 ¿Qué hace para que su madre no se preocupe?

4 ¿Qué espera Laura?

1. *nous sommes installés*
2. *la banlieue*
3. *s'enfonce*
4. cada dos por tres: *constamment*
5. *je me souviens*
6. *une terrible envie de pleurer*
7. *j'essaie*
8. *qu'elle a raison*

Le subjonctif présent

verbes réguliers

HABLAR	COMPRENDER	ESCRIBIR
habl**e**	comprend**a**	escrib**a**
habl**es**	comprend**as**	escrib**as**
habl**e**	comprend**a**	escrib**a**
habl**emos**	comprend**amos**	escrib**amos**
habl**éis**	comprend**áis**	escrib**áis**
habl**en**	comprend**an**	escrib**an**

▸ Le subjonctif présent de **ser** est irrégulier : sea, seas, sea, seamos, seáis, sean

▸ **Para que** et **esperar que** sont suivis du subjonctif. *Espero que lleve razón.* J'espère qu'elle a raison.

Practica

1. Completa estas frases con el verbo entre paréntesis.

a. Disimula para que su madre no… (sufrir).
b. Escribe a sus amigas para que no la … (olvidar)
c. Espera que… (llegar) tiempos mejores.

2. Conjuga los verbos en presente de indicativo o de subjuntivo.

a. Laura … (esperar) que sus amigas y ella … (verse) pronto.
b. Laura no … (decir) nada a su madre para que su madre no… (llorar).

Siempre a tu lado

CHARITO: ¿Lo has escrito tú?
LUIS: Claro. Es una poesía.
La he escrito para ti.

Quiero estar siempre a tu lado,
quiero a tu lado estar siempre,
aunque[1] se pasen las horas,
aunque se vayan los trenes,
aunque se acaben[2] los días,
y aunque se mueran los meses.
Quiero estar frente a tus ojos,
quiero a tu lado estar siempre.
Quiero estar frente a tus labios,
quiero estar frente a tus dientes.

CHARITO: Es muy bonita.
LUIS: ¿Te gusta de verdad?
CHARITO: Sí, de verdad. Y me gusta mucho que la hayas escrito para mí. Sólo hay una cosa que no me gusta. Bueno, que me gusta menos.
LUIS: ¿Cuál?
CHARITO: Esto ... Esto de los dientes ...

Fernando Fernán Gómez, *Las bicicletas son para el verano*, 1984

1. *même si*
2. *finissent*

1 ¿Qué ha escrito Luis a Charito? ¿Por qué?

2 ¿De qué trata el poema?

3 ¿Qué parte del poema le gusta menos a Charito?

Le subjonctif présent

verbes irréguliers

On retrouve au présent du subj. les mêmes irrégularités qu'au présent de l'indicatif.
tener → tengo → tenga
pensar → pienso → piense

▸ Je remarque que d'autres verbes sont totalement irréguliers :

ir	→ voy	→ vaya
haber	→ hay	→ haya
saber	→ sé	→ sepa

▸ **Aunque** (*même si*) et **me gusta que** sont souvent suivis du subjonctif.
Aunque se pasen las horas.
Me gusta que la hayas escrito para mí.

Practica

Conjuga los verbos en presente de subjuntivo.

1. Es para que… (tú-pensar) … en mí.
2. No me gusta que … (vosotros-levantarse) tan tarde.
3. Espero que … (ellos-haber) comprendido mi poema.
4. Cuento los días para que … (nosotros-ir de vacaciones).

Escucha

1. ¿Se ha adaptado a España fácilmente esta chica? ¿Qué ha sido lo más difícil?
2. ¿Qué diferencias hay entre su país y España?
3. ¿Le gustan a Denia sus nuevos amigos españoles? ¿Por qué?
4. ¿Cuánto tiempo se van a quedar en España ella y su familia?

¡Qué desorden!

¿Dónde está el patín?

1. ¿Qué busca Marco Antonio?
2. ¿Qué piensa su amigo de su habitación?
3. ¿Qué consecuencia ha tenido su desorden?
4. ¿Qué piensas de la última viñeta?

1. *je ne suis pas étonné*
2. *j'aurais juré*
3. *tu ne peux pas rater*
4. *viens tout de suite*

Les pronoms personnels

sujets	compl. directs	compl. indirects
yo	me	me
tú	te	te
él, ella, usted	lo, (le), la	le
nosotros(as)	nos	nos
vosotros(as)	os	os
ellos(as), ustedes	los, las	les

Te doy. Je te donne.
Le doy. Je lui donne.

Practica

Completa con los pronombres complementos.

1. No … gusta ordenar la habitación.
2. ¿Has buscado el patín?
   Sí, … he buscado.
3. ¿Me ayudas a ordenar mi habitación?
   Sí, … ayudo.
4. ¿Has comprado la pluma?
   No, no … he comprado.

Carta a un hijo que se porta mal

«Querido hijo:

Visto el comportamiento de las últimas semanas, cada vez más caótico, unido a los problemas ocasionados por ti en los meses y años anteriores, desde que comenzaste a gatear[1] y andar, y sin que parezca que vaya a haber ya una enmienda[2] clara por tu parte, me veo en la triste pero necesaria obligación de comunicarte tu despido[3], que será efectivo en el plazo[4] de treinta días a partir de hoy. En este tiempo tendrás derecho[5] a tus dosis habituales de besos y caricias, así como a disponer de tu habitación, tres comidas al día, y cuantas prerrogativas merezcas[6] en calidad de hijo –televisión, dinero para gastos, libros, paseos, atención, consejos, etc.– Pero cumplido el plazo que la ley familiar me otorga[7], mis deberes como madre quedarán[8] por completo exentos de toda obligación.

Lo cual te comunico en el día de hoy, siete de abril.

Firmado: María de la Esperanza Martínez García.»

Jordi Sierra i Fabra, *Querido hijo, estás despedido*, 2001

1 ¿A quién va dirigida la carta?

2 ¿Qué le dice la madre? ¿Por qué?

3 ¿Qué piensas del hijo?

4 ¿Qué piensas de la madre?

5 ¿Cómo va a reaccionar el hijo?

---

1. *depuis que tu as commencé à marcher à quatre pattes*
2. *ici, une amélioration*
3. *ton renvoi*
4. *dans un délai*
5. *tu auras droit*
6. cuantas prerrogativas merezcas: *tous les privilèges auxquels tu as droit*
7. *m'accorde*
8. *ici, deviendront*

Una habitación muy desordenada

L'emploi du subjonctif

- **Sin que** + subjonctif
Le escribe una carta sin que el padre lo ***sepa****.*
- (No) **es** normal **que** + subjonctif
*No es normal que la madre despid**a** a su hijo.*

Practica

Completa la frase con las expresiones siguientes.

No es normal que el chico…
- desobedecer
- no arreglar su cuarto
- no tener buenas notas
- salir de noche

Recuerda

L'obligation impersonnelle → p. 44

Transforma en obligación impersonal:

1. Tienes que portarte bien.

2. Tenemos que ordenar nuestra habitación.

3. Los padres tienen que dar consejos a sus hijos.

Lección 4

¡Cuántas emociones!

Quizás hayan cogido a mi padre

Quino: *Mafalda*

– Hay aquí unos tipos que llevan dos días rondando la tienda.

– ¡No digas![1]

– Vaya que si digo.[2] Parece que intentan algo.[3]

– ¿Contra la tienda?

La voz de Lorenzo no parecía[4] alarmada. Sólo llena de excitación.

– Eso parece. He llamado al cabo[5] González y les vamos a tender una trampa.[6]

– ¡Caramba! ¡Qué suerte!

– ¿Suerte? – se indignó Alejo.

– Hombre …, quiero decir por lo de la trampa contra los maleantes.

– A lo mejor tienen cogido[7] a mi padre, ¿sabes?

– ¡Pues hay que hacerles cantar![8]

Lo que ocurría se estaba transformando[9] para Lorenzo en un juego con seductores matices de novela policiaca.

Para Alejo no tenía nada de juego ni de fantasía.

– Y es posible que haya pasado algo peor. Si no aparece es que se lo han llevado y le han hecho alguna salvajada[10].

Juan M. San Miguel, *Alejo*, 1988

1 ¿Qué personajes hablan en este texto?

2 ¿Tienen la misma actitud los dos amigos frente a los acontecimientos *(les événements)*?

1. *C'est pas vrai !*
2. *Eh oui, c'est bien vrai !*
3. *on dirait qu'ils préparent quelque chose*
4. *ne paraissait pas*
5. el cabo: *le caporal*
6. tender una trampa: *tendre un piège*
7. tienen cogido: *ici, ils ont pris en otage*
8. *il faut les faire parler*
9. *ce qui arrivait devenait*
10. *atrocité*

Exprimer le doute

- **A lo mejor** + indicatif
  A lo mejor tienen cogido a mi padre.
  Ils ont peut-être pris mon père en otage.
- **Es posible que** + subjonctif
  et
  Quizás + subjonctif
  Es posible que haya pasado algo peor.
  Il s'est peut-être passé quelque chose de pire.

Practica

Transforma estas frases utilizando «a lo mejor», «es posible que» o «quizás».

1. Alejo tiene miedo.
2. Lorenzo vive una aventura de novela policiaca.
3. Intentan tender una trampa.
4. El juego es peligroso.

Recuerda

L'obligation personnelle → p. 44

Transforma estas frases en obligación personal.

1. Hay que buscar a papá. (Alejo)
2. Hay que llamar a la policía. (nosotros)
3. No hay que hacerles cantar. (ellos)

¿Qué está pasando?

Quino

Para decirlo

el coche oficial: *la voiture officielle*

la escolta: *l'escorte*

el guardaespaldas: *le garde du corps*

abrazar: *serrer dans ses bras*

besar la mano: *faire un baisemain*

marcharse: *s'en aller*

robar: *voler*

la cartera: *le portefeuille*

el dinero: *l'argent*

estar sorprendido(a)

estar contento(a)

1 ¿Quién va delante del coche oficial?

2 ¿Qué hace el personaje invitado en las viñetas 2, 3 y 4?

3 ¿Qué pasa en la última viñeta?

4 ¿Te gusta el cómic? ¿Por qué?

Estar

- Pour exprimer un sentiment ou un état physique passager j'emploie **estar**.

Están sorprendidos.
Ils sont surpris.

Hoy estoy cansado.
Aujourd'hui, je suis fatigué.

Practica

Completa el párrafo con estas palabras.
No olvides conjugar los verbos.

- furiosos • sorprendidos
- coche oficial • carteras • avión
- un policía • guardaespaldas
- besar la mano • marcharse
- robar • despedirse • abrazar

« Un personaje importante pasea en … por la ciudad. Delante va un … en moto y detrás los …
En la 2ᵉ viñeta el señor … … de las diferentes personas que le acompañan.
En la 3ᵉ viñeta … … … de una señora y … a un señor.
En la 4ᵉ viñeta sube al … y … … contento. En la última viñeta todos están … y … .
El señor les … las … a todos.»

¿Diga?

Riing, riiiiiing. El timbrazo telefónico hace que Alejandro cruce el salón. Quizás sea su madre. O Claudia Schiffer, que se ha equivocado[1] adorablemente.

– ¿Sí?

– Hola.

A Alejandro casi se le cae el teléfono.

Se queda callado.

– Soy Maite.

– Ya […]

Una voz suave como el terciopelo[2], o al menos así le parece a él, explica a Alejandro que su dueña se ha olvidado en su casa el abono[3] de transportes y el carné de identidad, y que los necesita sin falta.

– Así que te llamo para pedirte[4] un favor.

– Ya –dice Alejandro.

Un pez bobo podría[5] dar réplicas más interesantes que las suyas.

– Que quedemos en algún sitio y me los traigas[6]. Creo que están en la cómoda del cuarto de tus padres.

Alejandro encantado de la vida.

– Claro –articula– Cuando quieras, como quieras, donde quieras.

– ¿Te parece a mitad de camino?

¡Sí!¡Sí!¡Sí!

– Vale –dice Alejandro– Si es tan urgente…

– Lo es –afirma Maite.Y piensa: ¿acaso no lo son los asuntos del corazón?

Martín Casariego Córdoba, *Qué poca prisa se da el amor*, 1997

1 ¿Quién llama a Alejandro?

2 ¿Crees que Alejandro está enamorado? ¿Cómo lo ves?

3 ¿Dónde y cuándo van a verse? ¿Por qué?

1. *qui s'est trompée*
2. *comme du velours*
3. *l'abonnement*
4. *pour te demander*
5. *pourrait*
6. *tu me les apportes*

Con método

Comenta el texto siguiendo las instrucciones.

1. **Identificación:**
   - Este documento es un extracto del libro … de …
   - Es … (una narración, un diálogo, una descripción …)
2. **Análisis:**
   - Es un texto … (dramático, humorístico, cómico …)
   - Los personajes son …
   - La escena se desarrolla en …
   - El narrador cuenta … y plantea el problema de …
   - Al principio (Primero), … a continuación … y al final …
3. **Conclusión:**
   - (No) Me gusta porque …
   - Me parece …

Enamorados

Para decirlo

saltar: *sauter*

estar enamorado: *être amoureux*

el fondo del mar

el corazón: *le cœur*

el agua: *l'eau*

la estrella de mar: *l'étoile de mer*

las algas

las rocas

1 Describe a la pareja.

2 ¿Por qué va a saltar el hombre al agua?

3 ¿Te parece divertido el dibujo? ¿Por qué?

Recuerda

1. Conjuga los verbos entre paréntesis en presente de subjuntivo.

a. El marido quiere que su mujer ... (estar) contenta.

b. La mujer dice a su marido que ... (coger) el corazón.

c. La mujer espera que su marido le ... (traer) el corazón.

d. La mujer le mira para que ... (cumplir) su promesa.

2. Completa las frases con los pronombres complementos.

a. ¿Qué ... pide la mujer a su marido?

b. La mujer le dice: «quiero que ... traigas el corazón».

c. El hombre le dice: «... voy a demostrar mi amor».

d. Los dos personajes dicen: «... gusta mirar el mar».

Historias y leyendas de amor

Los amantes de Teruel

La historia de los amantes de Teruel es la excusa, en esta ciudad de Aragón, para celebrar una fiesta medieval. Tiene lugar en febrero. La gente se disfraza y representa la historia.

« En el siglo XIII vivían en Teruel dos jóvenes que se querían mucho: Juan de Marcilla e Isabel Segura. Juan pide al padre de Isabel la mano de su hija pero él se la niega porque el joven no tiene mucha fortuna. El padre de Isabel le concede cinco años para obtener las riquezas necesarias. Juan vuelve rico y famoso tras luchar en muchas batallas. Pero se ha cumplido el plazo e Isabel, obligada, va a casarse *(se marier)* con otro. Ahora, descubre cómo termina la historia.

↓ *Juan pide un beso a Isabel. Ella le dice que no puede porque ya está casada. Juan muere al instante.*

↑ *En los funerales, Isabel besa a Juan y cae muerta a su lado. Los dos amantes fueron enterrados juntos y su historia se recuerda todos los años.*

¿Verdadero o falso?

- Juan de Marcilla amaba a Isabel Segura.
- Juan tenía una gran fortuna.
- El padre de Isabel apreciaba mucho a Juan.
- Juan murió antes que Isabel.

Un niño tocando la quena

La leyenda de la quena

Cuenta la leyenda que el Inca (personaje que gobernaba el alto Perú) tenía una hija que estaba enamorada de un indio que no correspondía a su clase social. El padre no estaba de acuerdo con esa relación. Entonces, destierra[1] al indio pero su hija en vez de olvidarlo muere de amor. El indio, al saber la noticia, vuelve para ver la tumba de su amada y sorprendido ve que de la tierra sale un hueso del fémur. Lo coge, le hace unos huecos y se pone a tocar una melodía triste y melancólica. Había nacido «la quena».

1. *chasse de son royaume*

1 ¿Qué es la quena?

2 ¿Qué piensas de esta historia de amor?

El día de San Valentín

En 1969 se declara día de fiesta el 14 de febrero para recordar a dos santos cristianos, uno de ellos San Valentín. Sobre San Valentín hay muchas leyendas. Una de ellas cuenta que este santo fue sacrificado por el emperador romano Claudio II por dedicarse a casar parejas. El emperador había prohibido las bodas[1] porque pensaba que un soldado casado no era bueno ni eficaz. Actualmente el día de San Valentín es una fecha dedicada a los enamorados y a la amistad.

1. *les mariages*

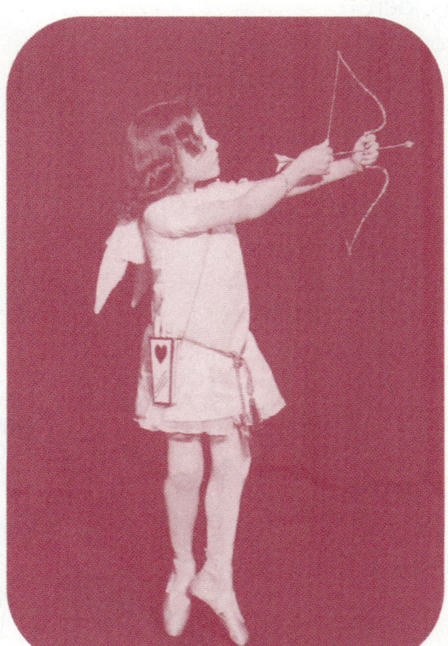

1 ¿Quién era San Valentín?

2 ¿Qué se celebra ese día?

3 Y tú, ¿cómo lo celebras?

Escucha

1. ¿Quiénes hablan en esta entrevista?
2. ¿Qué tiene de especial esta pareja?
3. ¿Por qué se casaron el día de la fiesta de los amantes de Teruel?
4. ¿Qué piensan de esta manera de casarse? ¿Y tú?

WWW

www.multite.es/miteruel/bodas

RECUERDA Y PRACTICA

1 Le présent du subjonctif : verbes réguliers

CAMINAR	COMPRENDER	VIVIR
camine	comprend**a**	viv**a**
camin**es**	comprend**as**	viv**as**
camin**e**	comprend**a**	viv**a**
camin**emos**	comprend**amos**	viv**amos**
camin**éis**	comprend**áis**	viv**áis**
camin**en**	comprend**an**	viv**an**

- Je sais que les verbes en **-ar** ont une terminaison en **-e** et les verbes en **-er** et **-ir** ont une terminaison en **-a**.

Conjugue les verbes entre parenthèses.

1. Espera que su hijo … (aprender) la lección.
2. No le parece normal que su novio … (tardar) tanto.
3. Te escribo para que me …(conocer) mejor.

2 Le présent du subjonctif : verbes irréguliers

- Je sais que si la première personne du présent de l'indicatif est irrégulière, tout le subjonctif présent est irrégulier.
  tener: *tengo* (prés. ind.) → *tenga* (prés. subj.)
  conocer: *conozco* (prés. ind.) → *conozca* (prés. subj.)
  decir: *digo* (prés. ind.) → *diga* (prés. subj.)
  venir: *vengo* (prés. ind.) → *venga* (prés. subj.)
  pedir: *pido* (prés. ind.) → *pida* (prés. subj.)
  pensar: *pienso* (prés. ind.) → *piense* (prés. subj.)

- Je sais aussi que certains verbes sont totalement irréguliers au subjonctif présent.
  saber: sepa, sepas, sepa, sepamos, sepáis, sepan
  ser: sea, seas, sea, seamos, seáis, sean
  dar: dé, des, dé, demos, déis, den
  ir: vaya, vayas, vaya, vayamos, vayáis, vayan
  haber: haya, hayas, haya, hayamos, hayáis, hayan

▸ Attention : l'orthographe de certains verbes se modifie au subjonctif présent.
llegar → lle**gue**; expli**car** → expli**que**; dirigir → diri**ja**

Conjugue les verbes entre parenthèses.

1. No te parece normal que la madre … (tener) que despedirlo.
2. Quiere que su amiga … (venir).
3. No le gusta que ellos le … (pedir) favores.

Imite le modèle.

Si quieres te presento a mi novia → ¿Quieres que te presente a mi novia?

1. Si quieres soy bueno.
2. Si queréis vamos a Teruel.
3. Si quieres te doy el libro.
4. Si queréis os explico la película.

3 Les emplois du subjonctif

Je retiens que ces expressions sont suivies obligatoirement du subjonctif.

- **Querer que** exprime une **volonté**.
  Quiere que su hijo coma.
- **Esperar que** exprime un **souhait**.
  Espero que sea verdad.
- **Para que** exprime un **but**.
  Te escribo para que vengas.
- **Pedir que** exprime un **ordre indirect**.
  Le pide que salga.
- **Quizás** exprime un **doute**. *Quizás sea Laura.*
- **Ojalá** exprime un **souhait**. *Ojalá tenga buenas notas.*

Construis des phrases.

1. Eva/quizás/venir/hoy.
2. El profesor/querer que/yo hacer/el ejercicio.
3. Los padres/querer que/sus hijos/ser/felices
4. Yo/esperar que/la película/ser/buena.

4 Le présent de l'indicatif des verbes en -ecer, -ocer, -ucir.

verbes irréguliers		
OBED**ECER**	CON**OCER**	TRAD**UCIR**
obedezco	**conozco**	**traduzco**
obedece**s**	conoce**s**	traduce**s**
obedece	conoce	traduce
obedece**mos**	conoce**mos**	traduc**imos**
obedec**éis**	conoc**éis**	traduc**ís**
obedece**n**	conoce**n**	traduce**n**

- Je retiens que les verbes **ofrecer**, **reconocer**, **desconocer**, **conducir**, **producir**, se conjugent sur le même modèle.

Conjugue les verbes à la première personne du présent de l'indicatif.

1. ¿... (traducir) la frase?
2. No lo... (conocer) bien.
3. ... (obedecer) casi siempre.
4. No... (conducir) muy deprisa.

5 Les adverbes en –mente

Je sais que pour former un adverbe, on met l'adjectif au féminin et on ajoute la terminaison **-mente.**
lento → lenta → lenta**mente**
normal (inv.) → normal**mente**

Forme l'adverbe.

1. Hago los deberes... (rápido).
2. Ella canta... (alegre).
3. ¿Puede hablar... (lento)?
4. Llega tarde... (constante).

6 Les pronoms personnels

Les pronoms personnels		
compléments directs	compléments indirects	avec préposition
me	me	mí
te	te	ti
lo, (le), la	le	él, ella, usted
nos	nos	nosotros(as)
os	os	vosotros(as)
los, las	les	ellos(as), ustedes

- Attention : "avec moi", "avec toi" se dit **conmigo**, **contigo**.

Complète les phrases avec le pronom complément qui convient.

1. ¿Quieres que ... ayude a buscar tu abono de transporte?
2. ¿Niños, queréis que ... explique la lección?
3. ¿Has terminado los ejercicios? Sí, ... he terminado.
4. ¿Habéis ordenado la habitación? No, no ... hemos ordenado.

Connais-tu bien ton unité ?

Dans les textes «Siempre a tu lado» p. 61 et «Quizás hayan cogido a mi padre» p. 64 relève tous les subjonctifs présents et donne leur infinitif.

¡UTILIZA LA LENGUA!

Escucha y entrénate

1. Écoute et répète les mots suivants :

graciosa • caricia • piso • corazón
llorar • colegio • mejor • arrepentirse
consejo • timbrazo • Alejandro • tristeza

2. Trabalenguas: les sons "j" et "g"

Jorge jugaba al ajedrez junto a un joven juerguista que le agujereaba la gorra lujosa con una paja gorda.

3. Trabalenguas: "querer"

«Cómo quieres que te quiera
si el que quiero que me
quiera no me quiere como
quiero que me quiera.»

4. Canción: Piensa en mí

Si tienes un hondo pesar
piensa en mí;
si tienes ganas de llorar
piensa en mí.
Ya ves que venero
tu imagen divina
tu párvula boca
que siendo tan niña
me enseñó a pecar.
Piensa en mí
cuando sufras
cuando llores
también piensa en mí:
cuando quieras
quitarme la vida.
No la quiero
para nada,
para nada me sirve
sin ti.

Composée par Agustín Lara

Recuerda las palabras

Qui dit quoi ?

1. ¡Estoy enamorado!
2. ¡Qué triste estoy!
3. ¡Qué contenta estoy!
4. ¡Estoy cansado!

A

B

C

D

Comunícate

Imagine et écris un dialogue entre une fille et un garçon qui se rencontrent.

– Ils se rencontrent pour la première fois ou se connaissent déjà.
– La rencontre a lieu dans un café, dans la rue ou pendant une fête.
– Ils parlent de leur vie quotidienne, de leur famille, de leurs amis, de leurs études.
– Ils se quittent et se donnent rendez-vous.

Unidad 5

¡Buen provecho!

Tu vas apprendre à :

- parler des repas, des achats, des loisirs
- exprimer un ordre et une interdiction
- exprimer tes goûts

Tu vas utiliser :

- le verbe *gustar*
- les diminutifs, les augmentatifs
- l'adverbe *nunca*
- l'impératif
- l'impératif négatif : la défense

¡Estos jóvenes!

En una tienda

Palabras

ir de tiendas: *faire les magasins*

comprar: *acheter*
caro ≠ barato

los pantalones

los vaqueros

la camiseta

la falda: *la jupe*

el vestido: *la robe*

el jersey: *le pull*

la chaqueta: *la veste*

los zapatos: *les chaussures*

las zapatillas de deporte: *les chaussures de sport*

1. ¿Dónde están las chicas?
2. ¿Qué quiere comprar cada una?
3. ¿Se prueba Sonia los vaqueros?
4. ¿Qué pasa al final?

Gustar: présent de l'indicatif

(a mí)	me		
(a ti)	te	gust**a**	la camiseta
(a él, a ella, a usted)	le	gust**a**	ir de compras
(a nosotros/as)	nos	gust**an**	los vaqueros
(a vosotros/as)	os		
(a ellos/as, a ustedes)	les		

Practica

Construye frases como el modelo.

A mí / gustar / los zapatos / me / grises
→ A mí me gustan los zapatos grises.

1. gustar / a la chica / le / azul / la camiseta

2. el jersey de Luis /te / a ti /gustar

3. le / a Carlos / las zapatillas de deporte / gustar

¡Aprovecha las rebajas![1]

Alejandro se va de tiendas, es agosto, han llegado las súper rebajas y hay que aprovechar. No es que necesite realmente algo, su vestuario[2] está completo y relativamente renovado, pero a nadie amarga una oportunidad[3]. Aunque ha salido más bien a la caza y captura de un niqui[4] que le mole[5], que tenga algo especial, no el habitual polo liso tipo Lacoste o Yves Saint Laurent con la marcaza ahí puesta, acaba comprando una chaqueta de lino color crudo Adolfo Domínguez y unos calzoncillos con la bandera británica. En una tienda, se prueba ante un espejo[6] unas gafas oscuras tipo anuncio de Martini […].

También aprovecha la excursión comercial para efectuar una pequeña compra de subsistencia, a saber, kikos[7], palomitas para hacer en el microondas, latas de Fanta y Coca-cola por si viene Javi.

Martín Casariego Córdoba, *Qué poca prisa se da el amor*, 1997

1 ¿Necesita ropa Alejandro? ¿Por qué se va de tiendas?

2 ¿Qué ropa le gusta a Alejandro?

3 ¿Qué compra?

1. *Profite des soldes !*
2. *sa garde-robe*
3. a nadie amarga una oportunidad: *une occasion ne fait de mal à personne*
4. un niqui: una camiseta
5. (*fam.*): que le guste
6. *un miroir*
7. *graines de maïs frit*

Delante de un escaparate durante las rebajas

Les augmentatifs

▸ Je remarque que le suffixe **-azo/-aza** est utilisé pour former l'augmentatif :
Exemple :
marca → *marc**aza***

Practica

Forma el aumentativo siguiendo el modelo.

Eso no es una nota, es una notaza.

1. Eso no son unas gafas, son unas …

2. Eso no es un coche, es un …

3. Eso no son unas rebajas, son unas…

Recuerda

Le passé composé
→ p. 48

Conjuga el verbo en pretérito perfecto.

1. Alejandro … (salir) de compras.

2. ¿Qué … (tú-comprar)?

3. ¿… (ponerse) ya tu pantalón nuevo?

4. En el cine, el chico … (comer) palomitas.

De compras

De paseo por el mercadillo

Los sábados solían salir a dar un paseo, a visitar un pequeño mercado que se montaba en el parque. A Lili y a su madre les gustaba curiosear en aquellos modestos puestos[1], a veces nada más que una manta[2] en el suelo, en los que la gente vendía las cosas más diversas. Unos vendían objetos hechos con sus manos: pulseras de cuero[3], collares, pendientes, adornos… Otros traían mercancía barata[4], la de «todo a cien». Pero algunos pobres hombres se limitaban a ofrecer objetos de su casa: maquinillas de afeitar[5] usadas, tebeos[6] viejos, discos con las fundas rotas…

Su madre siempre les compraba algo:

– ¿Te gusta eso?

«Eso» podía ser una pequeña muñeca india, un adorno para el pelo, un estuche de lápices viejo que olía a[7] goma de borrar y a tinta.

Gonzalo Moure Trenor, *Lili, libertad*, 1996

1 ¿Qué solían hacer Lili y su madre los sábados?

2 ¿Qué se podía encontrar en el mercadillo?

3 ¿Te gustan los mercadillos? ¿Por qué?

Un mercadillo madrileño

1. *stands*
2. *une couverture*
3. *bracelets en cuir*
4. *marchandise bon marché*
5. *rasoirs*
6. *bandes dessinées pour enfants*
7. que olía a: *qui sentait*

Recuerda

L'imparfait de l'indicatif → p. 45

Conjuga los verbos en imperfecto de indicativo.

El sábado suelo dar un paseo por el mercadillo. Mi madre me acompaña.

Los puestos más interesantes son los que venden las cosas más diversas.

Gustar: imparfait de l'indicatif

(a mí)	me		
(a ti)	te	gust**aba**	la muñeca
(a él, a ella, a usted)	le	gust**aba**	ir al mercadillo
(a nosotros/as)	nos	gust**aban**	los collares
(a vosotros/as)	os		
(a ellos/as, a ustedes)	les		

Practica

Completar con «gustar» en imperfecto.

1. A la madre … … comprar tebeos viejos.
2. A vosotros … … los discos viejos.
3. A usted … … el collar amarillo.
4. A mí me … el puesto de artesanía.

Las mejores tiendas

1. ¿Cuál es la finalidad de esta publicidad?
2. ¿Qué puedes comprar en Internet?
3. ¿Qué ventajas tiene esta forma de comprar?

- Comenta la publicidad siguiendo la ficha «Con método» p. 51

Recuerda

Les superlatifs → p. 43

Di lo contrario.

1. Es el mayor centro comercial de la ciudad.
2. En este centro comercial, están las mejores tiendas.
3. Es el menor de todos los puestos.
4. Es el peor de todos los mercadillos.

L'impératif

verbes réguliers

ENTRAR	APRENDER	ESCRIBIR
entra (tú)	aprende (tú)	escribe (tú)
entre (usted)	aprenda (usted)	escriba (usted)
entr**emos** (nosotros)	aprend**amos** (nosotros)	escrib**amos** (nosotros)
entra**d** (vosotros)	aprende**d** (vosotros)	escribi**d** (vosotros)
entr**en** (ustedes)	aprend**an** (ustedes)	escrib**an** (ustedes)

Practica

Transforma los imperativos utilizando la persona «vosotros».

1. «Compra en el mayor centro comercial virtual del país.»
2. «Visita más de 1300 tiendas.»

¡Qué vida!

1. *jamais*
2. *utilisation*
3. *soigne*
4. *choisis*

Palabras

el montañismo: *l'alpinisme*

la excursión: *la randonnée*

el riesgo: *le risque*

el alud: *l'avalanche*

la tormenta: *l'orage*

el barranco: *le ravin*

1. ¿Se puede ir a la montaña sin preparación física?
2. ¿Por qué hay que consultar las previsiones meteorológicas?
3. A tu parecer, ¿por qué hay que decir a dónde vas, cuando vas a la montaña?

- Comenta el cartel siguiendo la ficha « Con método » p. 51

L'adverbe «nunca»

▸ Remarque la double construction de cet adverbe :
***Nunca** vayas solo.*
***No** vayas **nunca** solo.*

L'impératif négatif : la défense

L'impératif négatif se forme avec le subjonctif précédé de **no** à toutes les personnes.
***No** vayas solo. **No** vayáis solos.*

Practica

Transforma siguiendo el modelo.

Nunca vayas solo → No vayas nunca solo.

1. Nunca hagas montañismo sin estar en forma.
2. Nunca inicies una excursión sin consultar las previsiones meteorológicas.
3. Nunca tengas prisa en la montaña.

Biografía

No cojas la cuchara con la mano izquierda.
No pongas los codos en la mesa.
Dobla bien la servilleta.
Eso para empezar.

Extraiga la raíz cuadrada[1] de tres mil trescientos trece.
¿Dónde está Tanganika? ¿Qué año nació Cervantes?
Le pondré un cero en conducta[2] si habla con su compañero.
Eso, para seguir.

¿Le parece a usted correcto que un ingeniero haga versos?
La cultura es un adorno y el negocio[3] es el negocio.
Si sigues con esa chica, te cerraremos[4] las puertas.
Eso, para vivir.

No seas tan loco. Sé educado. Sé correcto.
No bebas. No fumes. No tosas. No respires.
¡Ay sí, no respirar! Dar el no a todos los nos.
Y descansar: morir.

Gabriel Celaya, *Itinerario poético*, 1973

1. *racine carrée*
2. *je vous mettrai un zéro de conduite*
3. *les affaires*
4. *on te fermera*

1 ¿Dónde está el niño en las dos primeras estrofas?

2 ¿Qué órdenes recibe?

3 ¿Quién le habla en las tres primeras estrofas?

4 ¿Qué etapas de la vida aparecen en el poema?

5 ¿Qué piensas del último verso?

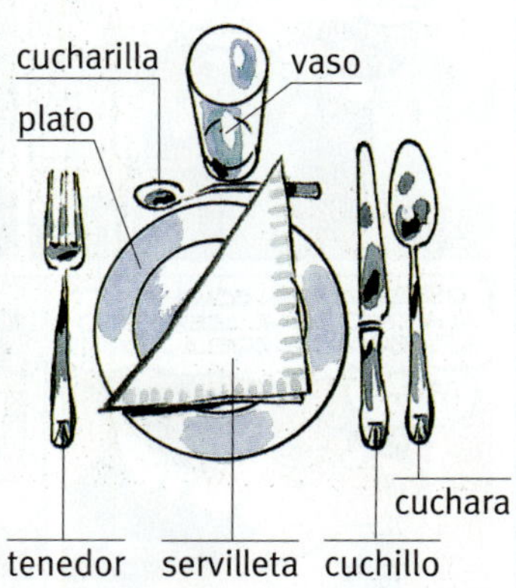

L'impératif : verbes irréguliers

▸ Les verbes suivants sont irréguliers à la deuxième personne du singulier :

ser	**hacer**	**decir**	**tener**
sé (tú)	**haz** (tú)	**di** (tú)	**ten** (tú)
salir	**venir**	**poner**	**ir**
sal (tú)	**ven** (tú)	**pon** (tú)	**ve** (tú)

Practica

Di lo contrario.

1. No pongas la mesa.
2. No escriba versos.
3. No salgas de casa.
4. Dobla la servilleta.
5. Ten cuidado.
6. Pon la tele.

¡A comer!

Todo es cuestión de técnica

Escobar: *Carpanta*

Para decirlo

dar de comer: *donner à manger*

tener hambre: *avoir faim*

tener sed: *avoir soif*

conseguir: *reussir à*

morder un dedo

1 ¿Qué está haciendo la madre?

1 ¿Quién está mirando por la ventana?

1 ¿Qué propone Carpanta a la madre?

1 ¿Para qué sirve el sistema de Carpanta? ¿En qué consiste?

1 ¿Cómo termina la historia?

1. *sois gentil*
2. no tero = no quiero
3. *excusez-moi*
4. *herbe*
5. *mon petit choux*

L'enclise

▸ Je remarque **l'enclise** du pronom avec l'impératif.

*Cóme**te** las sopitas.*
*Ábre**la**. (Abre la boca)*

Practica

Transforma las frases como el modelo.

Toma esta sopita → Tómala.

1. Comeos la salchicha.
2. Haga la prueba.
3. Coge el tenedor.
4. Siga el consejo de Carpanta.

Receta de Gazpacho para 6 personas

Ingredientes:

- dos kilos de tomates rojos maduros
- dos pimientos verdes
- dos dientes de ajo
- un pepino pequeño
- un vaso de agua y 1/2 de aceite de oliva
- vinagre y sal

1. Lava y pela los tomates, los pimientos, los ajos y el pepino. Córtalos en trocitos.

2. Ponlos en un recipiente. Añade aceite, vinagre y sal. Bate la mezcla con la batidora. Añade agua.

3. Mete el gazpacho en la nevera. Sírvelo fresco y hecho del mismo día. ¡Buen provecho!

¡No tengo hambre!

La familia estaba reunida alrededor de la mesa. Perico había terminado de comer y Matilde intentaba que Periquín acabara[1] con un suculento filete de ternera.[2]

– Vamos, tómate este poquito que te falta.

– No tengo más ganas[3], mamá.

– ¡Pero si es un pedacito muy pequeño!

– No quiero, mamá, no quiero.

– ¡Anda, que está muy rico![4]

– ¡Que no, mamá! [...]

– No obligues al niño a que coma sin ganas. Le puede hacer daño[5], previno Perico.

Eduardo Vázquez, *Matilde, Perico y Periquín*, 2000

1. *ici : finisse de manger*
2. *veau*
3. *je n'ai plus envie*
4. *allez, c'est très bon !*
5. *ça peut lui faire mal*

1 ¿Quiénes son los miembros de la familia?

2 ¿Qué quiere Matilde?

3 ¿Está de acuerdo Perico?

Escucha

1. ¿Por qué está contento Perico?
2. ¿Con quién van a cenar?
3. Describe el lugar donde van a cenar y lo que pueden hacer los comensales.

Les diminutifs

▸ Je remarque que le suffixe **-ito/-ita** est utilisé pour former le diminutif :

el tomate → *el tomat**ito***

Practica

1. **Transforma los imperativos de la receta pasando de «tú» a «usted».**
2. **Busca los diminutivos del texto.**

Carta desde Inglaterra

Londres, 1 de abril. 12h30 (p.m)
Sra. Rosario Durán (Barcelona)

Querida mamá:

Acabo de llegar[1] al hotel y aún no he deshecho las maletas. El viaje ha ido muy bien. El avión se ha movido[2] un poco pero hemos llegado a Heathrow a la hora prevista.
Londres es … No lo sé. Gris. Los muros de las casas son oscuros y parecen sucios[3]. Tío Alex me ha dicho que se debe a la humedad y a la lluvia.
Hemos llegado al hotel. Tío Alex me ha dicho que este hotel le gusta mucho, que siempre se aloja en él porque es tranquilo.
Y ahora hablemos de cosas serias. Mamá, no te preocupes[4] por mí. Estoy bien, estoy contenta y tengo ganas[5] de pasar una temporada en Inglaterra mientras se arregla[6] la situación de papá. Por cierto[7], hazme saber cómo está el asunto y si saldrá pronto de la cárcel[8] en libertad condicional, como dijo su abogado. Y aunque estéis separados, preocúpate un poco de él. Házlo por mí, mamá, piensa que fue[9] tu marido y que es mi padre. ¿De acuerdo?
Bueno, y ahora te dejo, mamá.
Te quiero.
Ana

Jaume Fuster, *Las cartas de Ana*, 1997

1. *1. je viens d'arriver*
2. *a bougé*
3. *sales*
4. *ne t'inquiète pas*
5. *j'ai envie*
6. *s'arrange*
7. *à propos*
8. *s'il sortira bientôt de prison*
9. *il a été*

1 ¿Desde dónde escribe Ana? ¿A quién?
2 ¿Con quién está? ¿Dónde se aloja?
3 ¿Qué recomendaciones da Ana a su madre?
4 ¿Dónde está su padre?
5 ¿Crees que la chica quiere a sus padres? ¿Cómo lo ves?

Recuerda

1. Busca los imperativos de la carta y escribe su infinitivo.
2. Estos son los consejos de la madre. Según los casos estarán en imperativo o en subjuntivo.
«Cuando estés en Londres, ... (ser) educada. ... (no-hacer) tonterías. ... (ponerse) ropa de abrigo y ... (escucha) a tu tío Alex. ... (aprender) bien tus lecciones de inglés, ... (no-venir) luego diciendo que no has aprendido nada. ... (aprovechar) bien tu estancia en Londres.»

¡Qué caradura!

1. fam.: un bocadillo   2. *j'irai me chercher…*

Grazia Nidasio: *Nina*

Para decirlo

un bocadillo: *un sandwich*

la mantequilla: *le beurre*

el queso: *le fromage*

el pepinillo: *le cornichon*

el rábano: *le radis*

la gaseosa: la limonade

1 ¿Qué hace Nina?

2 ¿Cómo es su bocadillo?

3 ¿Qué hace su hermano? ¿Qué piensas de su actitud?

• Comenta el cómic con ayuda de la ficha «Con método».

Con método

1. **Identificación:**
   - Este documento es un cómic del dibujante ...
2. **Análisis:**
   - Se compone de ... tiras *(bandes)* y ... viñetas *(vignettes)*.
   - El diálogo de los personajes aparece en globos *(bulles)*. Hay ... en total.
   - En el cómic hay ... personaje(s) y el principal es ...
   - En la primera viñeta ...
   - Luego, ... después ... y para terminar ...
3. **Conclusión:**
   - (No) Me gusta porque ...
   - Creo que es divertido/aburrido; sencillo/elaborado ...

¡Qué rico!

Un mercado de fruta y verdura en Bolivia.

La papa

Esta planta originaria de los Andes, era, con el maíz, el primer alimento de los habitantes de esta región. «Papa» es una palabra quechua, la lengua de los incas del Perú.
Los conquistadores españoles introducen la papa en España, donde se llama patata. De allí pasa a toda Europa. En Francia es introducida por el botánico Parmentier, que crea veinte maneras diferentes de prepararla.

El tomate

«Tomate» proviene de la palabra mexicana «tomatl». Los indígenas lo usaban para preparar salsas, y algunas variedades se utilizaban en la medicina popular para combatir las infecciones.

Productos venidos de América

«Los europeos han comido papas, tomates, fríjoles, maíz, cacao, pepinillos, fresas, frambuesas, piñas y maní[1] por tanto tiempo que olvidaron que estos comestibles llegaron a sus mesas sólo después del descubrimiento de América.»

Englebert, *Colombia*, 1988

1. *cacahuète*

Después de leer el texto:

- di el nombre de algún plato que conozcas que tenga alguno de los alimentos venidos de América;
- haz una lista de productos típicos de tu país;
- qué puedes decir sobre ...
  - la bebida favorita de los emperadores aztecas;
  - la bebida típica de Argentina;
  - la materia prima de la goma de mascar.

El maíz

El origen de esta planta es un misterio. Hay pruebas de que al sur de la ciudad de México ya se cultivaba maíz hace aproximadamente 4.600 años. Era una de las bases de la alimentatión. En España empieza a cultivarse en 1604. Durante el siglo XVIII, se difunde por el resto de Europa.

El cacao

La palabra «chocolate» proviene del nahualt «chocolatl» (el nahualt era la lengua de los aztecas).
En el México azteca, el cacao era la bebida favorita de los emperadores. Esta planta era tan apreciada que se utilizaban sus granos como moneda. El chocolate llega a España desde México, en el siglo dieciséis, en

Frutos madurando en el árbol del cacao.

forma de barras y tabletas. Pero no se comía: se bebía derretido y mezclado con agua o con leche.

El mate

Es una infusión muy consumida en Argentina, Uruguay y Paraguay. Cuenta la leyenda que Tupá (dios del Bien) enseñó a los hombres cómo preparar y tomar la yerba mate. Los indios sorbían la bebida de la calabacita (el recipiente) por medio de una pequeña cañita llamada «tacuapí», o también mascaban sus hojas durante sus largas caminatas. La palabra mate deriva de la quechua «mati», palabra que designaba la calabaza.

Hombre argentino bebiendo mate.

El chicle

El chicle es un producto natural que se obtiene a partir del látex del tronco de un árbol llamado «chicozapote», originario de México. Esta goma era apreciada por los antiguos mayas, que la denominaban «Yaa». Se usa como materia prima principal de la goma de mascar. La explotación del chicle se inicia en México durante el siglo XIX.

En la actualidad, América Latina exporta productos tan conocidos como el tequila de México, los puros habanos de Cuba, los vinos de Chile y la carne de Argentina.

Grandes extensiones vinícolas en Chile.

Gaucho ocupándose del ganado en la Pampa.

WWW

http://www.acocinar.com/

RECUERDA Y PRACTICA

1 L'impératif des verbes réguliers

ENTRAR	APRENDER	ESCRIBIR
entra (tú)	aprende (tú)	escribe (tú)
entre (usted)	aprenda (usted)	escriba (usted)
entr**emos** (nosotros)	aprend**amos** (nosotros)	escrib**amos** (nosotros)
entr**ad** (vosotros)	aprend**ed** (vosotros)	escrib**id** (vosotros)
entr**en** (ustedes)	aprend**an** (ustedes)	escrib**an** (ustedes)

◆ Je remarque que avec **usted, nosotros** et **ustedes** les formes verbales sont les mêmes à l'impératif et au subjonctif présent. J'en déduis que, quand le subjonctif présent a des irrégularités, celles-ci se retrouvent à l'impératif.

Conocer: conozca (usted), conozcamos (nosotros) **Pensar**: piense (usted), piensen (ustedes).

Exprime un ordre.

1. … (tú-hablar) claramente.
2. … (usted-comer) poco.
3. Niños, … (aprender) la lección.
4. … (vosotros-cantar) todos juntos.

2 L'Impératif des verbes irréguliers

DECIR	HACER	IR	PONER
di (tú)	haz (tú)	ve (tú)	pon (tú)
diga	haga	vaya	ponga
digamos	hagamos	vayamos	pongamos
decid	haced	id	poned
digan	hagan	vayan	pongan

SALIR	SER	TENER	VENIR
sal (tú)	sé (tú)	ten (tú)	ven (tú)
salga	sea	tenga	venga
salgamos	seamos	tengamos	vengamos
salid	sed	tened	venid
salgan	sean	tengan	vengan

▸ Je remarque que la 2e personne du singulier de l'impératif de ces verbes est irrégulière.

Exprime un ordre.

1. Señora, … (salir) ahora.
2. … (tú-poner) la mesa.
3. Niño, ¡ … (tener) cuidado!
4. ¡ … (vosotros-hacer) los deberes!

3 L' impératif négatif: la défense

Il se forme avec **no** + le subjonctif présent à toutes les personnes.

Gritar: no grites (tú), no grite (usted), no gritemos (nosotros), no gritéis (vosotros), no griten (ellos)

Salir: no salgas (tú), no salga (usted), no salgamos (nosotros), no salgáis (vosotros), no salgan (ellos)

Exprime un ordre négatif.

1. Niños, … (entrar).
2. Pablo, … (comer) con los dedos.
3. Señoras, no … (discutir).
4. … (usted-venir) a las 10.

4 L'enclise

Je sais que l'enclise (le pronom est collé après le verbe) est obligatoire à l'impératif, à l'infinitif et au gérondif.

*Cálla**te***. Tais-toi.
*Voy a contar**te***. Je vais te raconter.
*Está mirándo**la***. Il est en train de la regarder.

▸ Je remarque l'apparition de l'accent écrit dans certains cas.

Mets ces verbes à l'impératif.

1. Marcharse (tú).
2. Irse (usted).
3. Lavarse (tú).
4. Comunicarse (ustedes).

5 Gustar

Gustar: le présent de l'indicatif

(a mí)	me		
(a ti)	te	gusta	la camiseta
(a él, a ella, a usted)	le	gusta	ir de compras
(a nosotros/as)	nos	gust**an**	los vaqueros
(a vosotros/as)	os		
(a ellos/as, a ustedes)	les		

▸ Je remarque que «la camiseta», «ir de compras» et «los vaqueros» sont les sujets du verbe **gustar**.

▸ Les pronoms **a mí**, **a ti**, etc. ne sont pas obligatoires, il s'agit d'une forme d'insistance.

Forme des phrases avec les mots suivants.

1. ir / gustar / al / vosotros / restaurante.
2. Nosotros / gustar / charlar.
3. Ustedes / el chocolate / gustar.
4. a Lili / al cine / gustar / ir

6 Les diminutifs

Je sais que pour former les diminutifs je supprime la dernière voyelle du nom ou de l'adjectif et j'ajoute : **-ito/-ita**.
el hermano → el herman**ito**

Il existe d'autres suffixes moins employés :
-illo/-illa, **-ico/-ica**: pajar**illo**, cancioncil**la**, moren**ico**

Forme les diminutifs des mots suivants.

• mamá • cuaderno • tomate
• amigo • planta • zapato
• caramelo

7 Les augmentatifs

Pour former les augmentatifs je supprime la dernière voyelle du nom ou de l'adjectif et j'ajoute : **-azo/-aza**
ojo → oj**azo**; zapatos → zapat**azos**

Il existe d'autres augmentatifs moins employés :
-ón/-ona: hombr**ón**, muchach**ón**, mujer**ona**

Forme les augmentatifs des mots suivants.

• libro • coche • regalo
• rebajas • nota
• compras

8 Les indéfinis

nunca ≠ **siempre** (*jamais ≠ toujours*)
nadie ≠ **alguien** (*personne ≠ quelqu'un*)
nada ≠ **algo** (*rien ≠ quelque chose*)

▸ Je remarque la double construction des indéfinis négatifs.
Je peux dire :
***No** voy **nunca** a las rebajas*
ou
***Nunca** voy a las rebajas.*

Transforme les phrases.

1. Nunca voy al cine.
2. Nunca salen de noche.
3. Nunca come carne.
4. Nunca dices la verdad.

Connais-tu bien ton unité ?

1. Dans le texte «De paseo por el mercadillo» p. 76, relève tous les imparfaits de l'indicatif et donne leur infinitif. **2.** Relève tous les verbes du poème «Biografía» p. 79 et mets-les à l'infinitif.

¡UTILIZA LA LENGUA!

Escucha y entrénate

1. Écoute attentivement ces sons. Ils peuvent te paraître très proches mais ils sont différents.

pera	perra	
caro	carro	
cera	ceja	
coro	corro	cojo
para	parra	paja

2. Canción:

Con las manos en la masa

Siempre que vuelves a casa me pillas en la cocina,
embadurnada de harina, con las manos en la masa.
Niña, no quiero platos finos, vengo del trabajo,
y no me apetece pato chino...
... a ver si me aliñas un gazpacho con su ajo y su pepino.

Refrain :

Papas con arroz, bonito con tomate, cochifrito, caldereta,
migas con chocolate, cebolleta en vinagreta, morteruelo,
lacón con grelos, bacalao al pil pil, y un poquito de perejil...

Cantada por «Vainica doble»

3. Trabalenguas: le son "j"

«En Guadalajara había muchas naranjas. Vinieron Jorge y un pajarito y se las comieron con turrón de Jijona.»

4. Apprends ce poème par cœur.

La playa

Remar
Esquiar
Zambullirse
Divertirse
Ir
Venir
Un castillo
Construir
En el agua
Deslizarse
Y en la arena
Enterrarse
Nadar
Flotar
¡Ven a la playa
a jugar!

Alma Flor,
A la sombra de un ala, 1988

Recuerda las palabras

Complète ces phrases.

Hoy he ido de compras a una ... y me he comprado una ... y unas ... de sol para cuando vaya a la ... Después, en el ... he comprado un ..., un ... y unos...

Noms
helado
gafas
playa
tienda
supermercado
camiseta
refresco
chicles

Comunícate

La scène se passe dans un magasin. Joue le dialogue avec un(e) camarade.

A: le client
- salue et choisit un vêtement ;
- demande s'il/elle peut l'essayer;
- demande le prix;
- dit que c'est cher/ bon marché.

B: le vendeur
- demande quelle taille il fait;
- répond et lui montre les cabines d'essayage ;
- donne le prix;
- ...

Unidad 6

¡Qué divertido!

Tu vas apprendre à :

- parler du passé, des souvenirs
- parler des métiers
- parler des loisirs

Tu vas utiliser :

- le passé simple
- le plus-que-parfait
- l'apocope

Me lo decía mi papá

De piloto a carpintero

Mi padre tenía una lista de las cosas que quería ser, la lista la había escrito en una cuartilla y la cuartilla la había clavado[1] con chinchetas[2] en una de las paredes de su cuarto. Y en esa cuartilla, y por orden de preferencia, podía leerse: piloto de aviones, bailarín, delantero centro de un equipo de primera división, locutor de radio, domador de leones, policía secreta, bombero, cura, y carpintero. Y una a una, no sin pena, fue tachando[3] todas aquellas actividades o profesiones que le hubiese gustado ejercer[4]. Tachó todas menos una, la última.

A los dieciséis años entró a trabajar de aprendiz en la carpintería de Balta.

Alfredo Gómez Cerdá, *El negocio de papá,* 1990

1 ¿Qué hacía el padre del chico para elegir *(choisir)* su profesión?

2 ¿Qué profesiones prefería?

3 ¿Cuál eligió al final?

4 ¿A qué edad empezó a aprender su profesión?

Un joven carpintero trabajando

1. *et il avait cloué la feuille*
2. *punaises*
3. *il rayait*
4. *qu'il aurait aimé exercer*

Le passé simple (pretérito indefinido)

verbes réguliers

ENTRAR	COMPRENDER	ESCRIBIR
entr**é**	comprend**í**	escrib**í**
entr**aste**	comprend**iste**	escrib**iste**
entr**ó**	comprend**ió**	escrib**ió**
entr**amos**	comprend**imos**	escrib**imos**
entr**asteis**	comprend**isteis**	escrib**isteis**
entr**aron**	comprend**ieron**	escrib**ieron**

Le plus-que-parfait (pluscuamperfecto)

Il se forme avec l'auxiliaire **haber** à l'imparfait :
había, habías, había, habíamos, habíais, habían
et le participe passé (p.48, 49, 55).
*Mi padre **había clavado** la cuartilla con chinchetas.*

Practica

1. Conjuga en pretérito indefinido las frases siguientes.

a. Mi padre … (tachar) las profesiones que no le interesaban.

b. Mis abuelos … (empezar) a trabajar muy pronto.

c. Nunca … (yo-comprender) su decisión.

d. Mis amigos … (escoger) la misma profesión.

e. Ayer … (nosotros-comer) en un restaurante

2. Transforma las frases "a" y "d" poniendo el verbo en pluscuamperfecto.

Manos a la obra

Palabras

una lámpara: *une lampe*

una taladradora: *une perceuse*

una máscara de protección

unos guantes: *des gants*

un taller: *un atelier*

una empresa: *une entreprise*

1 ¿Qué está haciendo el señor?

2 ¿Crees que le gusta su trabajo?

3 Y tú, ¿qué quieres ser de mayor?

■ Comenta la publicidad ayudándote de la ficha "Con método" p. 51

1. *les trous*
2. *les fromages*
3. *nécessite*

Le passé simple

verbes irréguliers

QUERER

quise
quisiste
quiso
quisimos
quisisteis
quisieron

Practica

Conjuga los verbos en pretérito indefinido.

1. Ayer ... (tú-querer) ir al cine.
2. ¿Por qué ... (vosotros-escribir) eso?
3. La semana pasada ... (nosotros-comprender) todo.
4. ¿Qué ... (tú-comer) ayer?

Recuerda

Le genre → p. 14

¿Cuál es el femenino de estas profesiones?

• bailarín • cantante
• locutor • profesor
• actor • domador
• policía • carpintero

¿Qué hiciste ayer?

Tarde de cine

Al salir de clase, a las seis, estaban esperándome[1] mi padre y mi amigo Gervasio. A Gervasio y a mí nos unían varias pasiones. La primera, la que sentíamos por Rosi, una vecinita del quinto, algo mayor que nosotros y que tenía los ojos del mismo color violeta que Elizabeth Taylor. Nuestra segunda pasión eran las películas[2].

– ¿Quieres que vayamos a ver *Magnolia*?

– ¿Dónde la echan[3]? –preguntó él.

– En el Ibiza –contesté. Es en tecnicolor y se desarrolla en el Misisipí.

Gervasio asintió[4] con la cabeza, y luego dijo:

– ¿Sabes que el Misisipí es el río más largo del mundo?

Fuimos al Ibiza. Antes mi padre nos compró dos barritas de pan de Viena y dos onzas de chocolate. Nos dijo que a las nueve vendría[5] a recogernos y nos dio un beso a cada uno.

Magnolia tenía demasiadas canciones. Cada dos por tres, plas, se interrumpía la acción y los artistas se ponían a cantar. La parte hablada estaba mejor. Pero a pesar de aquellos colores tan llenos de vida, a mí *Magnolia* me pareció triste, deprimente.

Al terminar la película, mi padre nos esperaba en la puerta.

– ¿Qué tal la película? ¿Os ha gustado?

– Sí, –dijo Gerva.

– Sí, –mentí[6] yo.

José Luis Garci, *Los mejores años de nuestra vida*, en *Cuentos sin cámara*, 1999

1 ¿Qué pasiones unían al protagonista y a su amigo Gervasio?

2 ¿Adónde fueron aquella tarde? ¿Qué película vieron?

3 ¿Qué impresión tuvo el chico de esa película?

4 Y tú, ¿sueles ir al cine? ¿Por qué?

1. *m'attendaient*
2. *les films*
3. *où passe le film?*
4. *il acquiesça*
5. *il viendrait*
6. *je mentis*

Le passé simple

verbes irréguliers

IR/SER	DECIR	TRAER
fui	dije	traje
fuiste	dijiste	trajiste
fue	dijo	trajo
fuimos	dijimos	trajimos
fuisteis	dijisteis	trajisteis
fueron	dijeron	trajeron

▸ Le passé simple des verbes **ser** et **ir** est identique.

▸ Le passé simple irrégulier ne porte jamais d'accent.

Practica

Conjuga en pretérito indefinido los verbos entre paréntesis.

1. Mis padres … (ir) al cine para ver Magnolia.

2. … (yo-traer) mi colección de fotos de artistas.

3. Mi padre … (decir) que la película era interesante.

4. … (vosotros-ser) los primeros en llegar al cine.

Gael García Bernal

Este mexicano de 22 años, bucles castaños y ojos verdes nació[1] para ser actor. Hijo de actores, a los 17 años marchó[2] a Inglaterra, donde cursó la carrera[3] de Interpretación. El resultado fue un completo dominio del arte escénico. En 2001 recogió en el festival de Venecia el premio[4] al mejor actor revelación por su espléndido trabajo en *Y tú mamá también*, de Alfonso Cuarón.

Magazine *La Razón*, 4/11/2001

El actor Gael García Bernal (a la izquierda) recibiendo un premio.

1. ¿Quién es Gael García Bernal? ¿Cómo es?
2. ¿Cuál es su profesión?
3. ¿Qué recibió en el 2001?

1. *est né*
2. *il est parti*
3. *ici, études*
4. *le prix*

Teleseries

No es precisamente cine de autor. Pero las cifras[1] de audiencia no dejan lugar a dudas: las teleseries españolas son los programas más vistos. Las dos series juveniles con más éxito[2] se emiten al mediodía y son: *Al salir de clase* y *Nada es para siempre*. En ambos casos[3] se trata de la vida de un grupo de amigos y compañeros de clase: las relaciones sentimentales, las relaciones familiares y la típica confrontación maestro-alumno. Además, se puede conocer más a fondo la vida de los personajes en la página web: *www.alsalirdeclase.com*.

Irina Marzo, *Hoy día*, enero/febrero 2001

Los actores de la serie de televisión «Al salir de clase»

1. ¿De qué trata este artículo?
2. ¿Qué tipo de programas prefiere la audiencia española? ¿Y los jóvenes españoles?
3. Y tú, ¿qué serie de televisión prefieres? ¿Por qué?

1. *les chiffres*
2. *succès*
3. *dans les deux cas*

Recuerda

Le présent de l'indicatif → p. 20

Transforma el texto de Gael García Bernal conjugando los verbos en presente a partir de «Hijo de actores» hasta el final.

Decidir su profesión

Biografía de una dibujante

1 ¿Cuándo nació Maitena?
2 ¿Por qué no está segura de la fecha?
3 ¿Por qué quería estar ocupada?

Maitena

Dibujaba desde muy niña. Hoy presenta sus tiras en medios escritos de América y Europa. Es la sexta de una familia de siete hermanos, –cuatro mujeres y tres varones–.
Su madre, arquitecta, fue quien la empujó[1] por el camino del dibujo, aunque Maitena dice que no sabe dibujar. «Mis padres me compraron un caballete[2] y óleos[3] con la esperanza de que me dedicara a la pintura y no a este arte menor.»

El País Semanal, 14/10/2001

Maitena en su estudio de Buenos Aires

1 ¿Quién es Maitena?
2 ¿Cuál era la profesión de su madre?
3 ¿Qué le compraron sus padres?
4 ¿Qué deseaban sus padres?

1. *c'est sa mère qui la poussa*
2. *un chevalet*
3. *de la peinture à l'huile*

Le passé simple
verbes irréguliers

TENER	ESTAR	PONER
tuve	estuve	puse
tuviste	estuviste	pusiste
tuvo	estuvo	puso
tuvimos	estuvimos	pusimos
tuvisteis	estuvisteis	pusisteis
tuvieron	estuvieron	pusieron

Practica

Inventa frases con las siguientes expresiones de tiempo y los verbos conjugados en pretérito indefinido.

1. Ayer - tener
2. En 1999 - estar
3. La semana pasada - no poder
4. Anoche - poner

¿Te parecen emprendedoras?

Para decirlo

enérgico(a)

activo(a)

el sabor: *le goût*

la salud: *la santé*

el ejecutivo(a): *le cadre supérieur*

el dueño/la dueña de un restaurante: *le/la restaurateur (trice)*

poner la mesa: *mettre la table*

llamar por teléfono: *téléphoner*

dirigir

1. ¿Cuáles son las profesiones de estas mujeres?
2. ¿Tienen algo en común?
3. ¿Qué piensas de ellas?
4. Imagina cómo fue el día de ayer de estas mujeres.

Sólo/Solo

▸ **Sólo** (avec accent) est l'équivalent de l'adverbe **solamente** (*seulement*).

▸ **Solo** ou **sola** (sans accent) est un adjectif (*seul-e*)

Practica

Completa las frases siguientes con «sólo» o «solo».

a. ... trabajo tres días por semana.

b. Mis padres se han ido: estoy ... .

c. ... necesito dos horas para terminar.

d. No me gusta estar ... mucho tiempo.

Recuerda

Les comparatifs
→ p. 43

Completa con los comparativos.

a. La ejecutiva tiene el pelo ... largo ... la dueña del restaurante.

b. La mujer de la derecha es ... trabajadora ... la mujer de la izquierda.

Recuerdos de infancia

Temporada de lucha libre

Cada año, cuando comenzaba la temporada de lucha libre[1], mi abuelo me llevaba al Teatro Caupolicán. Me vestían de domingo, con zapatos de charol[2] negro y guantes blancos que contrastaban con la ruda apariencia del público. Así ataviada[3] y bien cogida de la mano de ese viejo cascarrabias[4], me abría paso entre la rugiente multitud[5] de espectadores. Nos sentábamos siempre en primera fila. Una vez aterrizó sobre nosotros uno de los gladiadores, aplastándonos[6] como cucarachas. Mi abuelo se había preparado tanto para aquel momento que cuando por fin ocurrió no supo reaccionar y en vez de molerlo a bastonazos[7], como siempre anunció que lo haría, lo saludó con un cordial apretón de mano, al cual el hombre respondió con una tímida sonrisa.

d'après Isabel Allende, *Paula*,1997

1. ¿Adónde iba la niña cada año con su abuelo?
2. ¿Dónde solían sentarse?
3. ¿Qué ocurrió un día?
4. ¿Cómo reaccionó el abuelo? ¿Y el luchador?

1. *la saison de lutte*
2. *chaussures vernies*
3. *habillée*
4. *grincheux*
5. *la foule rugissante*
6. *en nous écrasant*
7. a bastonazos: *à coups de bâton*

Abel Quezada: *El último combate de «Kid» González*, 1974

Le passé simple

verbes irréguliers

SABER	PODER
supe	pude
supiste	pudiste
supo	pudo
supimos	pudimos
supisteis	pudisteis
supieron	pudieron

Practica

Conjuga el verbo de las siguientes frases en todas las personas del pretérito indefinido (passé simple).

1. No supo qué decir, no pudo hacer nada.
2. Ayer tuve tiempo y me fui al cine.

Recuerda

Le présent de l'indicatif → p. 20

Transforma el texto desde el principio hasta «espectadores» conjugando los verbos en presente de indicativo.

Un día de pesca

Los dos amigos habían cortado una caña[1] de la orilla del río y ataron el hilo[2] de pescar a un extremo. Partieron un pobre gusano[3] en cinco trozos[4] y pusieron uno en el anzuelo[5]. Tras ellos había un fresno alto y majestuoso.

– Estaría bien hacerse una casa aquí arriba; ¿no te parece, Pol?

– Déjate de casas. Ya hemos hecho una en el árbol.

Gerard se mosqueó[6] un poco. Permanecieron en silencio un buen rato. El corcho[7] rojo flotaba inmóvil en la superficie del agua.

De pronto el corcho empezó a moverse, a subir, a bajar y a moverse de un lado a otro.

– ¡Oye, tú, ahí tenemos como mínimo una ballena!

– ¡Calla y espera! deja que pique[8] bien, ¡no te precipites!

– ¡Si esperamos demasiado se escapará!

– ¡Tranquilo, he dicho!

Pol levantó la caña con energía. En el anzuelo no había ningún pez. No estaba ni siquiera el gusano.

– ¡Te he dicho que te esperaras!

–¡La culpa es tuya!

–¿Sabes lo que te digo? –Gerard puso cara de enfado–. ¡Que te vayas a freír espárragos[9] tú y tu pesca!

Andrés Palomeras,
El secreto del conde, 1989

1 ¿Adónde fueron los dos amigos aquella tarde?

2 ¿Qué preparativos hicieron?

3 ¿Qué pasó después?

4 ¿Cómo reaccionaron los chicos?

1. *une canne*
2. *ils attachèrent le fil*
3. *un pauvre ver*
4. *morceaux*
5. *l'hameçon*
6. (fam.) *se fâcha*
7. *le bouchon*
8. *qu'il morde*
9. (fam.) *va te faire cuire un œuf*

L'apocope

▸ Certains adjectifs comme **bueno**, **malo**, **primero**, **ninguno** perdent la dernière voyelle quand ils sont placés devant un nom masculin singulier.
*No había **ningún** pez.*

▸ **Grande** devient **gran** devant un nom masculin ou féminin singulier.
*Una **gran** caña.*

Practica

Completa con los adjetivos siguientes: primero, tercero, ninguno, grande.

a. Los dos amigos viven en una… casa.

b. Obtuvo el ... premio en el campeonato.

c. No conseguimos pescar ... pez.

d. ¿Es la… vez que pescas?

Escucha

1. ¿Quién es Alex Corretja? ¿Qué nos cuenta?
2. ¿Qué hizo el verano que estuvo en las Islas Canarias?
3. ¿Cuándo jugaba al tenis con su hermano? ¿Por qué?
4. ¿Con qué estaban relacionadas sus vacaciones desde pequeño?

El oficio del cronista

Un escritor tiene que documentarse, investigar, hacer muchas preguntas y tomar miles de notas. Yo quería empezar por el principio y por eso decidí hacerle una entrevista a mi mamá sobre cómo se habían conocido ella y mi papá.

A mi mamá le gusta recordar aquel primer día. La cosa sucedió así: «mi mamá, que aún[1] no era mi mamá, venía de la tienda; y mi papá, que aún no era papá, estaba sentado al pie de la estatua de un señor con chistera y cara de pronunciar un discurso. Mi papá vio venir a mi mamá, nunca había visto nada semejante,[2] la vio venir y no pudo contenerse, lo dejó todo[3] y corrió hacia ella.

– ¿Me permite que la ayude,[4] señorita?

– Le ruego no me moleste,[5] señor –dijo mi mamá, poniéndose colorada[6].

Aquella noche mi papá no pudo dormir, dibujó a mi mamá cuatro o cinco veces, siempre terminaba con un suspiro.»

Mi papá dice que lo que estoy escribiendo es una crónica y que le gusta mucho. De grande quiero ser cronista. Es una forma de ser escritor que me parece bien. Para ser cronista hay que escribir sobre cosas que uno ha visto y decir la verdad. Como entrenamiento, y mientras no pueda hacer la crónica del hundimiento de un barco enorme[7], o de la emigración de los grandes patos hacia el Sur, seguiré escribiendo[8] la crónica de mi familia, quiénes somos, dónde vivimos, qué hacemos, qué sentimos ...

Daniel Palomeras, *El secreto del Conde*, 1989

Pablo Picasso: *Paul dibujando, 1923*

1. *encore*
2. *rien de semblable*
3. *ici, il laissa tout tomber*
4. *que je vous aide*
5. *je vous prie de ne pas me déranger*
6. *en rougissant*
7. *d'un énorme bateau qui coule*
8. *je continuerai à écrire*

1 ¿Qué quiere ser el protagonista de mayor?

2 ¿De qué trata su primer trabajo?

3 ¿En qué consiste el oficio *(le métier)* de cronista?

4 Explica paso a paso cómo se conocieron sus padres.

Recuerda

1. Pon los verbos del texto siguiente en pretérito indefinido.
Quiero ser escritor. Escribo crónicas para contar cosas que me pasan. Tengo que leer mucho para documentarme. Cuando mi padre me dice cómo conoce a mi madre yo lo cuento.

2. Conjuga el verbo entre paréntesis en pluscuamperfecto.

a. Cuando mi padre llegó a la estatua, mi madre ya ... (salir) de la tienda.

b. Cuando empecé a escribir mi primera historia, ya ... (pensar) en el final.

c. Cuando mi hermano cumplió 16 años, ya ... (escribir) su primer libro.

Parábolas

Era un niño que soñaba
un caballo de cartón.
Abrió los ojos el niño
y el caballito no vio.
Con un caballito blanco
el niño volvió a soñar;
y por la crín lo cogía ...
¡Ahora no te escaparás![1]
Apenas lo hubo cogido,
el niño se despertó.
Tenía el puño cerrado.
¡El caballito voló!
Quedose el niño[2] muy serio
pensando que no es verdad
un caballito soñado.
Y ya no volvió a soñar.
Pero el niño se hizo mozo[3]
y el mozo tuvo un amor,
y a su amada le decía:
¿Tú eres de verdad o no?
[...]

Antonio Machado,
Campos de Castilla, 1909

El poeta español Antonio Machado

1. *tu ne t'échapperas pas*
2. *l'enfant est devenu*
3. *jeune homme*

1 ¿Con qué soñaba el niño?

2 ¿Qué pasaba cada vez que el niño abría los ojos?

3 ¿Qué decidió el niño?

4 ¿Qué ocurrió cuando se hizo mozo?

5 ¿Te gusta el poema? ¿Por qué?

Con método

Comenta el poema siguiendo las instrucciones:

1. **Identificación:**
   - Este poema fue escrito por ... y trata de ...
   - Se compone de ... (estrofas, versos ...)
   - Se desprende una impresión de ... (tristeza, alegría, nostalgia, paz, decepción, desilusión ...)
2. **Análisis :**
   - En los primeros versos el poeta ...
   - Luego ... y al final ...
   - La musicalidad y los sonidos de los versos nos dan una impresión de ... (monotonía, melancolía, rapidez, lentitud)
   - Con su poema el poeta quiere hacernos compartir *(veut nous faire partager)* ...
3. **Conclusión:**
   - (No) Me gusta porque ...
   - Pienso que ...

¿Los conoces?

Miguel de Cervantes: escritor

Nació en 1547 en Alcalá de Henares (España). Su vida fue muy agitada: perdió un brazo en la batalla de Lepanto y fue prisionero de los piratas durante cinco años. Su libro más conocido es *El ingenioso hidalgo don Quijote de la Mancha*. En él se cuentan las aventuras de don Quijote, caballero andante, y Sancho Panza, su escudero. Murió en 1616.

Frida Kahlo: pintora

Nació en México el 6 de julio de 1907 y murió en 1954. A los 19 años tuvo un accidente de tráfico muy grave que le provocó terribles dolores el resto de su vida. Durante su convalecencia empezó a pintar. Su dolor se refleja en gran parte de su obra, mucha de ella de estilo surrealista. En 1929 se casó con el pintor mexicano Diego Rivera.

Pablo Picasso: *Don Quijote y Sancho*

Francisco de Goya:
Don Manuel Osorio Manrique de Zuñiga, 1789

Relaciona las columnas:

Fernando Botero	pintor español	nació en 1547
Isabel Allende	pintora mexicana	nació en 1942
Goya	pintor y escultor colombiano	nació en 1932
Frida Kahlo	escritora chilena	nació en 1907
Miguel de Cervantes	escritor español	nació en 1746

Francisco de Goya: pintor

Nació en 1746 en España, en un pueblo de Aragón. Fue el precursor del arte moderno. Hacia 1792 se quedó sordo y su sordera le hizo meditar y modificar su arte. A causa de sus ideas políticas tuvo que exiliarse a Burdeos, donde murió en 1825.

Frida Kahlo: *Autorretrato con Diego Rivera*, 1931

Fernando Botero: pintor y escultor

Nació en Medellín, Colombia, en 1932. Quiso ser torero pero cambió la espada por los pinceles. Viajó por Europa para aprender Bellas Artes. Volvió a Colombia e hizo su primera exposición en 1951. En 1992 hubo una exposición de sus esculturas en París, en los Campos Eliseos. Su estilo es desmesurado. Los objetos, las personas de sus cuadros y sus esculturas tienen enormes dimensiones, son grandes y muy gordos. Botero es una de las grandes figuras del arte de nuestro siglo y es conocido en todo el mundo.

Isabel Allende: escritora

Nació en Chile en 1942. Estudió periodismo. Tras el golpe militar de Chile se fue a vivir a Venezuela. Hizo televisión, escribió crónicas periodísticas, obras de teatro y cuentos infantiles. Hoy es una de las novelistas latinoamericanas más leídas en el mundo. Algunos de sus libros, *La casa de los espíritus*, *De amor y de sombra*, *Eva Luna*, traducidos a más de 25 lenguas, encabezan la lista de best-sellers en varios países de América y Europa. Actualmente vive en Estados Unidos.

Portada de un libro de Isabel Allende

Fernando Botero: *Caballo*, 1992

Escucha

¿Quién es quién? Después de escuchar la grabación, identifica a los distintos personajes.

WWW

http://goya.unizar.es
http://www.geocities.com/michellenoviembre

RECUERDA Y PRACTICA

1 Le passé simple (pretérito indefinido) : verbes réguliers

ACABAR	COMPRENDER	ESCRIBIR
acab**é**	comprend**í**	escrib**í**
acab**aste**	comprend**iste**	escrib**iste**
acab**ó**	comprend**ió**	escrib**ió**
acab**amos**	comprend**imos**	escrib**imos**
acab**asteis**	comprend**isteis**	escrib**isteis**
acab**aron**	comprend**ieron**	escrib**ieron**

▸ Je remarque l'accent écrit de la 1re et 3e personnes du singulier.

◆ J'emploie le passé simple pour exprimer une action passée qui n'a aucun rapport avec le présent.
Voici quelques expressions de temps qui accompagnent souvent le passé simple: *ayer, anoche, antes de ayer, antes de anoche, el año pasado, en 1999 …*
Ayer escribí una carta a mi abuela.

Conjugue les verbes au passé simple.

1. Ayer … (nosotros-comprender) por fin el problema de matemáticas.
2. Mis padres … (vivir) en Inglaterra en 1997.
3. El pintor … (nacer) en 1746.
4. Ayer … (yo-acabar) los deberes muy pronto.
5. ¿Dónde … (vosotras-estar) el verano pasado?

2 Le passé simple (pretérito indefinido) : verbes irréguliers

▸ Retiens ces verbes très fréquents en espagnol et totalement irréguliers.

DAR	VER	DECIR	TRAER
di	vi	dije	traje
diste	viste	dijiste	trajiste
dio	vio	dijo	trajo
dimos	vimos	dijimos	trajimos
disteis	visteis	dijisteis	trajisteis
dieron	vieron	dijeron	trajeron

PONER	SABER	PODER	HABER
puse	supe	pude	hube
pusiste	supiste	pudiste	hubiste
puso	supo	pudo	hubo
pusimos	supimos	pudimos	hubimos
pusisteis	supisteis	pudisteis	hubisteis
pusieron	supieron	pudieron	hubieron

IR/SER	TENER	ESTAR	ANDAR	QUERER	HACER	VENIR
fui	tuve	estuve	anduve	quise	hice	vine
fuiste	tuviste	estuviste	anduviste	quisiste	hiciste	viniste
fue	tuvo	estuvo	anduvo	quiso	hizo	vino
fuimos	tuvimos	estuvimos	anduvimos	quisimos	hicimos	vinimos
fuisteis	tuvisteis	estuvisteis	anduvisteis	quisisteis	hicisteis	vinisteis
fueron	tuvieron	estuvieron	anduvieron	quisieron	hicieron	vinieron

Conjugue au passé simple les verbes entre parenthèses.

1. El fin de semana pasado tú … (venir) muy tarde a casa.
2. Yo no … (querer) ir al cine.
3. El profesor no … (poder) corregir los ejercicios.
4. Cuando me … (él-decir) lo que pensaba, no ... (yo-saber) qué decir.
5. ¿Qué … (vosotros-hacer) el verano pasado?
6. Ayer le ... (nosotros-dar) el regalo a Alex.

3 Le plus-que-parfait (pluscuamperfecto)

Le plus-que-parfait		
verbes réguliers		
CANTAR	COMER	VIVIR
había cant**ado**	había com**ido**	había viv**ido**
hab**ías** cant**ado**	hab**ías** com**ido**	hab**ías** viv**ido**
había cant**ado**	había com**ido**	había viv**ido**
hab**íamos** cant**ado**	hab**íamos** com**ido**	hab**íamos** viv**ido**
hab**íais** cant**ado**	hab**íais** com**ido**	hab**íais** viv**ido**
hab**ían** cant**ado**	hab**ían** com**ido**	hab**ían** viv**ido**

◆ Il se forme avec l'auxiliaire **haber** conjugué à l'imparfait de l'indicatif et le participe passé (**-ado**, **-ido**).

◆ Le plus-que-parfait s'emploie pour exprimer une action passée, qui précède une autre action passée. *Cuando Luis llegó, ya habíamos cenado.*

▸ Je retiens ces participes passés irréguliers
escribir → escrito; ver → visto; poner → puesto; hacer → hecho; decir → dicho;
abrir → abierto; volver → vuelto; morir → muerto; romper → roto; imprimir → impreso

Conjugue les verbes entre parenthèses au plus-que-parfait.

1. Cuando vino Juan, nosotros ya … (terminar).
2. Cuando llamó mi primo yo ya … (salir).
3. Cuando entró la profesora tú ya … (hacer) los deberes.
4. Cuando llegaron los niños su padre ya … (poner) la mesa.

4 Les indéfinis

alguien *(quelqu'un)* ≠ **nadie** *(personne)*
algo *(quelque chose)* ≠ **nada** *(rien)*
alguno, a *(quelqu'un)* ≠ **ninguno, a** *(aucun)*
¿Ha llamado alguien?
No, no ha llamado nadie.

Complète les phrases suivantes avec "algo", "nada", "alguien", "nadie".

1. No hay … en el refrigerador.
2. ¿Hay … en casa?
3. Estoy solo: … ha venido a verme.
4. ¡Haced … útil!

5 L'apocope

Certains adjectifs **alguno**, **ninguno**, **bueno**, **primero**, **tercero** perdent la dernière voyelle quand ils sont placés devant un nom masculin singulier.
No había ningún pez.
L'adjectif **grande** devient **gran**, devant un nom masculin ou féminin singulier.
Una gran fiesta.

Choisis la forme correcte de l'adjectif pour compléter ces phrases.

1. Es un … amigo. (bueno-buena-buen)
2. Es la … vez que lo digo. (tercero-tercera-tercer)
3. Hoy es un … día. (bueno-buena-buen)
4. El sábado no hay ... alumno en la clase. (ninguno-ninguna-ningún)

Connais-tu bien ton unité ?

1. Dans le texte «Tarde de cine» de la page 92 relève tous les verbes qui sont au passé simple (pretérito indefinido) et donne leur infinitif. **2.** Dans le texte «Un día de pesca» page 97 relève tous les mots qui se réfèrent à la nature.

¡UTILIZA LA LENGUA!

Escucha y entrénate

1. Écoute et répète ces mots que tu as rencontrés dans l'unité:

- chincheta • carpintero • policía secreta
- tachar • aceite • caballo • ejecutiva
- dibujante • corcho • anzuelo • crónica
- soñar

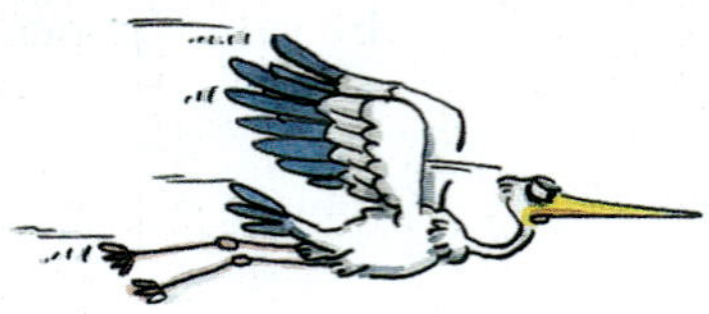

2. Trabalenguas: le son "ñ"

«En Coruña había un señor
que soñaba con una caña
y un cañón.»

«Justo Peña fue por leña
y se vino huyendo
de una cigüeña.»

Recuerda las palabras

Quel métier exercent-ils ?

ejecutivo
arquitecto
dibujante
cronista
piloto
carpintero
actor

1. Escribe historias verdaderas, tiene que documentarse y ser fiel a los hechos que cuenta.
2. Construye muebles de madera. Tiene un trabajo manual.
3. Conduce un avión. Tiene que estar muy atento en su trabajo.
4. Vive otras vidas en el cine, la televisión o el teatro.
5. Realiza planos de casas, monumentos y edificios.
6. Acude a reuniones, trabaja en un despacho, habla mucho por teléfono y utiliza mucho el ordenador.
7. Dibuja (y a veces escribe) historias divertidas.

Comunícate

1. Mime un métier ; tes camarades doivent deviner de quoi s'agit-il.

2. Choisis une biographie de « Descubre » pp. 100-101 et relève les points importants.

- hombre/mujer
- nombre y apellido
- nacionalidad
- oficio
- año de nacimiento

Ensuite tes camarades devront trouver le nom du personnage caché ; pour cela tu répondras oui ou non à leurs questions.

Unidad 7

¡Cuántos proyectos!

Tu vas apprendre à :

- parler de ton avenir, de tes projets
- parler des sports et des voyages

Tu vas utiliser :

- le futur
- le conditionnel
- *volver a* + infinitif
- *acabar de* + infinitif

¿Cuáles son tus sueños?

Así veo mi porvenir

Dos hermanas hablan de su futuro.

Quiero ser maestra de pueblo –repetí–. Quiero que mis chicos puedan estudiar y tener cultura. Sólo así sabrán elegir[1] su destino. Unos se irán, lo sé, y otros se quedarán. Seguirán[2] en la agricultura, cultivando campos, cuidando ganados, pero serán más felices de lo que son ahora, porque, al haberlo elegido, amarán su trabajo, porque habrán tenido dos opciones y se habrán quedado con la que más les atraía[3], ¿comprendes? Y yo tengo la esperanza de que puedo aportar algo de mí para que esto ocurra.[4]

– No sé cómo lo haces, pero tengo la impresión de que estoy escuchando a un corazonista.[5] Y no quiero ni pensar[6] en lo que dirá papá cuando le cuente todo esto. ¡Mira que preferir quedarte aquí[7]... ! Te penará[8], estoy segura. Y lo malo es que, seguramente, cuando te arrepientas será demasiado[9] tarde.

Lucía Baquedano, *Cinco panes de cebada*, 1981

Abel Quezada: *La cosecha, 1976*

1 ¿Qué quiere ser la protagonista de este texto?

2 ¿Por qué quiere que los chicos del pueblo puedan tener cultura?

3 ¿Qué piensa su hermana?

4 Y tú, ¿qué quieres ser de mayor?

1. *sauront choisir*
2. *continueront*
3. *celle qui les attirait le plus*
4. *ait lieu*
5. *un missionnaire*
6. *je n'ose même pas imaginer*
7. *rester ici*
8. *tu le regretteras*
9. *trop*

Le futur

verbes réguliers

AMAR	SER	IR
amaré	seré	iré
amarás	serás	irás
amará	será	irá
amaremos	seremos	iremos
amaréis	seréis	iréis
amarán	serán	irán

Quelques futurs irréguliers

saber: sabré, sabrás, sabrá...
haber: habré, habrás, habrá...
decir: diré, dirás, dirá...

Practica

Pon en futuro las frases siguientes.

1. Soy maestra de pueblo.
2. Mis chicos cultivan campos y son felices.
3. Mi amiga vive en un pueblo.
4. Papá está triste.
5. Amáis vuestro trabajo.

Recuerda

Le subjonctif présent → p. 60

Completa las frases.

1. Estudio para que mi porvenir ... (ser) mejor.
2. No me parece que las chicas ... (ser) desgraciadas.
3. Quiero que mis chicos ... (quedarse) en el pueblo.
4. Quiere que su hermana ... (comprender).

Harás tus proyectos realidad

Para decirlo

la regadera: *l'arrosoir*

el balcón

la jardinera

la tumbona: *la chaise longue*

la sombrilla: *le parasol*

la barbacoa

estar satisfecho: *être satisfait*

admirar

ser un manitas: *être bricoleur*

ser detallista: *être minutieux*

1 ¿Dónde está el señor?, ¿qué hace?

2 A tu parecer, ¿por qué ha hecho la casa de arena?

■ Comenta la publicidad según la ficha « Con método » p. 51

1. *montrer*
2. *qu'il sorte*
3. *ton foyer*
4. *choix*
5. *outils*
6. *étagères*

La construction directe

▸ Remarque la construction directe de :
Es más fácil Ø encontrar …
Il est plus facile de trouver …
On a le même type de construction avec :
es importante, es agradable

Le futur: hacer, poder

hacer: haré, harás, hará, haremos…
poder: podré, podrás, podrá, podremos…

Practica

1. Pon el verbo entre paréntesis en futuro.

a. Este fin de semana … (él-hacer) muchas cosas.

b. ¿Crees que … (tú-saber) hacerlo?

c. Mañana … (haber) mucha gente en la fiesta.

d. ¿Dónde … (vosotras-vivir) el año próximo?

2. Inventa dos frases con la construcción «es interesante» + infinitivo.

El placer de viajar

1. ¿Qué representa esta publicidad?
2. ¿Por qué dice la publicidad que a sus hijos les gustará ir en coche?
3. ¿Qué opciones ofrece "Pioneer"?

Manera actual de ser niño

Antonio viaja que viaja
por tierra, por mar, por aire,
va de un continente a otro
porque el mundo ya no es grande,
y mira desde su avión
cordilleras y ciudades
como si, soñando aún,
sobre algún mapa trazase
con el dedo rutas, rumbos.
¿Ser hombre es estar de viaje?

Jorge Guillén, en *Poesía española para jóvenes*, 1998

Practica

Escribe el texto en futuro.

«Vamos en coche. Salimos a las siete. Durante el viaje, los niños juegan y se divierten. El abuelo puede dormir. Al llegar disfrutamos de la playa.»

Viaje en avión

– ¿Qué? –pregunté, no sin irritación.

– Mira –dijo mamá en voz baja.

– ¿Qué? –volví a preguntar, un poco más impaciente, sin saber qué tenía que mirar.

– ¡Mira! –insistió mi madre, y cogiéndome de la barbilla[1], como si fuera un niño[2], me giró la cara y me obligó a mirar por la ventanilla. En cualquier otro momento me habría enfadado muchísimo. Una cosa que tienen las madres, es que no saben cuándo ya no pueden coger la barbilla de sus hijos, o darles besos delante de todo el mundo, o preguntarles si ya han hecho los deberes. Por alguna razón, es algo que su naturaleza de madres no les deja ver.

Joan Miró: *Pintura,* 1954

Pero no pude. No pude enfadarme. Enfrente de mí, encerrado en una ventanilla no más grande que un par[3] de balones de fútbol puestos el uno sobre el otro, se encontraba el mundo. Qué digo: el universo. El día y la noche, la noche y el día. Y las estrellas. Y la luna, no redonda sino como una cuchillada, que es como me gusta a mí. Y el amanecer[4]. La misma imagen deben percibir las brujas[5] cuando ven la bola de cristal y en ella el pasado y el futuro.

Pedro Sorela, *Yo soy mayor que mi padre*, 2001

1 ¿Quiénes son los protagonistas de la historia? ¿Dónde están?

2 ¿Qué es lo que le molesta al chico?

3 ¿Qué vio el chico por la ventanilla del avión?

4 ¿Qué piensas de lo que dice sobre las madres?

5 ¿Por qué compara lo que ve con lo que ven las brujas?

1. *le menton*
2. *comme si j'étais un enfant*
3. *une paire*
4. *le lever du jour*
5. *les sorcières*

Volver a + infinitif

▸ Remarque cette construction qui exprime la répétition.
***Vuelvo a** empezar.*
Je recommence.

No ... sino

Pour opposer deux termes on utilise **no... sino**.
No me gusta viajar en coche sino en tren.
Je n'aime pas voyager en voiture mais en train.

Practica

1. Transforma las frases siguientes utilizando «volver a» + infinitivo.
Miran la luna. La madre pregunta. Sus padres se enfadan. Ella insiste.

2. Haz dos frases con «no ... sino».

3. Imagina que las próximas vacaciones viajas en avión y escribe un párrafo contando el viaje. Puedes usar: levantarse temprano, llegar al aeropuerto, montar en el avión, mirar por la ventanilla, hablar con la azafata (*l'hôtesse de l'air*) ...
(No olvides conjugar los verbos en futuro.)

Recuerda

Le passé simple → p. 102
Pon los verbos en pretérito indefinido.
1. El niño ... (mirar) por la ventanilla.
2. El espectáculo que ... (él-ver) era mágico.
3. El chico no ... (enfadarse) con su madre.
4. La madre le ... (coger) de la barbilla.

Emociones del viajero

Para decirlo

el bosque: *le bois*
las hojas: *les feuilles*
el sol: *le soleil*
la sombra: *l'ombre*
iluminar: *éclairer*
hacer senderismo: *faire de la randonnée*
orientarse: *se repérer*
la cantimplora: *la gourde*
la brújula: *la boussole*
el mapa: *la carte*
las botas de montaña: *les chaussures de randonnée*

1. A tu parecer, ¿por qué dicen «no te querrás marchar»?
2. ¿Te gusta el paisaje de la publicidad? ¿Te gusta hacer senderismo?

- Comenta la publicidad con ayuda de la ficha «Con método» p. 51

Le futur: QUERER
v. irrégulier

querré
querrás
querrá
querremos
querréis
querrán

Practica

Conjuga los verbos en futuro.

1. ¿… (ella-querer) venir a la montaña conmigo?
2. … (nosotros-llevar) una cantimplora para la excursión.
3. ¿… (haber) sol este fin de semana?
4. Para orientarme, … (llevar) una brújula.

Paulina, camino de la montaña

Acababa de cumplir diez años cuando me llevaron con los abuelos, a la casa de las montañas. Primero hicimos un viaje muy largo, que duró cerca de tres días. Tuvimos que coger dos trenes y al final (después de tomar café con leche en un bar al lado de la estación, de madrugada[1], con un frío muy grande), llegó el autocar, pintado de azul, que llevaba a las montañas. Desde luego fue un viaje larguísimo. A veces sentía un poco de cansancio, pero en general, me gustó. Porque a mí me gustan mucho los trenes y aunque parezca mentira, los túneles. Dormir en el tren, despertarte a media noche, y oír el trac-trac, y sentir el balanceo, y pensar: estoy viajando, voy a través de campos, quizá de bosques [...] y debe hacer mucho frío y mucho miedo ahí fuera, tan de noche, ¡cualquiera está ahí en el campo![2] y yo, en cambio, aquí metidita[3], durmiendo. Con sólo levantar la cortina de cuero de la ventanilla, vería todo ese miedo. Pero voy aquí, arropada[4] y durmiendo.

Ana María Matute, *Paulina*, 1969

1 ¿Qué edad tiene Paulina cuando viaja?

2 ¿Cuánto duró el viaje?

3 ¿Qué medios de locomoción utilizó?

4 ¿Qué sensaciones experimentó durante el viaje?

5 ¿Por qué le gustaban los trenes?

1. *tôt le matin*
2. *il ne fait pas bon être en rase campagne!*
3. *bien à l'abri*
4. *couverte*

Tren pasando sobre un puente en el norte de España

Acabar de + infinitif

▸ Remarque cette construction qui se traduit par venir de + infinitif.

Acababa de cumplir diez años.

Je venais d'avoir dix ans.

Practica

Transforma las frases según el modelo.

Cumplí diez años. → Acababa de cumplir diez años.

1. Hicimos un viaje muy largo. →
2. Tomaste café con leche. →
3. Dormí en el tren. →
4. Vio el bosque. →

Recuerda

Les superlatifs → p. 43

Pon en superlativo la palabra subrayada.

Fue un viaje largo.

→ Fue un viaje larguísimo.

1. Estaba cansada. →
2. Los trenes me gustan mucho. →
3. Me desperté pronto. →

Deportes

Con buen estilo, ¿me haría caso?

– ¿Tú crees que si llevo un equipo súper y esquío con estilo, Martín Palomero me hará caso?

– ¿Y yo qué sé?

– Seguro que tendré más puntos que si llevo los esquís de mi prima, las botas del vecino, los bastones de mi tío cuando era joven, los pantalones de plástico de Gustavo y el anorak de ir a coger setas[1].

– Tal vez sí.

Cándida había tomado una decisión. Conseguiría[2] un equipo súper. ¿Cómo? Ya se le ocurriría[3].

– Hasta mañana, Nati.

Natalia aún no se había recuperado de la paliza[4] del *footing* y no tenía ánimo ni para despedirse.

Al llegar a casa, Cándida escondió[5] las gafas de Gustavo para que las buscase[6], colocó a Miguelín en el parque para que no molestase[7], le puso música a Alicia para que se estuviese callada[8] un rato y se acercó[9] a su madre para hablar seriamente.

– Mamá, necesito un equipo súper para esquiar.

– ¿Qué dices? Si tienes los esquís de tu prima, las botas del vecino, los bastones de tu tío, los pantalones de Gustavo y tu anorak de siempre.

– Eso no es precisamente un equipo súper. Pareceré una tortilla jardinera[10].

Maite Carranza, *Frena Cándida*, 1996

1. ¿Cómo piensa la chica que se puede tener buen estilo esquiando?
2. ¿Por qué quiere Cándida tener un equipo súper?
3. ¿Qué decisión toma Cándida?
4. Ahora imagina lo que hará para conseguir su equipo de esquí.

1. *champignons*
2. *se procurerait*
3. *elle trouverait bien une idée*
4. *ne s'était pas encore remise de l'effort*
5. *cacha*
6. *les cherche*
7. *pour qu'il ne les dérange pas*
8. *pour qu'elle se tienne tranquille*
9. *s'approcha*
10. *omelette aux quatre légumes*

Le conditionnel
verbes réguliers

LLEVAR	PARECER	SEGUIR
llevar**ía**	parecer**ía**	seguir**ía**
llevar**ías**	parecer**ías**	seguir**ías**
llevar**ía**	parecer**ía**	seguir**ía**
llevar**íamos**	parecer**íamos**	seguir**íamos**
llevar**íais**	parecer**íais**	seguir**íais**
llevar**ían**	parecer**ían**	seguir**ían**

Practica

1. ¿Qué harías tú para esquiar con estilo?
Contesta utilizando los verbos siguientes :
• comprar • llevar • tomar clases • practicar

2. Termina las frases siguientes. Usa el condicional.

a. Si fuera posible… (yo-comprar) un equipo nuevo.
b. Si fuera posible… (ellos-hacer) deporte.
c. Si fuera posible… (tú-tener) unos esquís de fibra.

¡Hay que salvar al bebé!

Escobar: *Zipi y Zape*

Palabras

arriesgarse: *prendre des risques*
valiente: *courageux*
pedir socorro: *appeler au secours*
estallar: *éclater*
chocarse: *heurter*
remar: *ramer*

1. ¿Qué deportes ves practicar en este cómic?
2. ¿Qué le pasa a Zipi?
3. ¿Qué le pasa a Zape?
4. Cuenta la historieta de Zipi y Zape.
5. ¿Te gustaría practicar un deporte de riesgo? ¿Por qué?

---

1. *pendu*
2. *attention*
3. *garçon*
4. *crever*
5. *gros bête*

Le futur proche

Il se forme avec le présent du verbe **ir** + **a** + infinitif.

Esa roca va a pinchar mi flotador.

¿Qué vas a hacer? Voy a hacer deporte.

Practica

1. Transforma en futuro próximo las siguientes frases.

a. Zape arriesgará su vida para salvar al bebé.
b. Zape pedirá socorro en caso de peligro.
c. Los chicos salvarán al bebé.
d. Tú remarás con fuerza.

2. Transforma las frases del ejercicio anterior conjugando el verbo en condicional.

El encanto del tren

Iré en tren, me gusta el tren, dejarme llevar[1] por el tren, dormitar[2], leer, charlar, quizás soñar, observar. […]

Cuando pedí un billete en la estación de Tapachula, en Chiapas, México, para el tren expreso con destino a Ciudad de Guatemala, el expendedor me miró sorprendido. No era normal que un blanco tratara de viajar en tren. «El bús es más barato y más cómodo». Mi próposito era viajar por Centroamérica en tren hasta Panamá.

– Le diré que no sé a qué hora tiene prevista su entrada en el andén[3] –añadió el taquillero[4]–, pero es seguro que con mucho retraso.

– Gracias, no importa, por una vez he venido sin prisas. […]

En avión se llega, no se viaja; en tren se viaja, se llega, a veces muy tarde, pero eso forma parte de su encanto.[5] Lo que es seguro es que en estos viajes estrafalarios[6] he aprendido lecciones inolvidables de geogafía humana.

Manuel Leguineche, *La felicidad de la tierra*, 1999

Unos viajeros esperando al lado del tren

1. *me laisser porter*
2. *somnoler*
3. *le quai*
4. *le guichetier*
5. *son charme*
6. *farfelus*

Recuerda

1. Pon en futuro los verbos de la frase siguente.
Me gusta el tren, dejarme llevar por el tren, dormitar, leer, charlar, soñar, observar.

2. El viaje ideal. Pon los verbos del texto en condicional.
El viaje ideal ... (ser) en tren. ... (yo-mirar) el paisaje por la ventanilla. ... (yo-comer) un bocadillo. ... (yo-leer) un libro y ... (yo-hablar) con los otros pasajeros. ... (yo-hacer) crucigramas y ... (yo-tener) mucho tiempo para dormir.

3. Transforma las frases siguientes conjugando el verbo en futuro próximo.
a. Escribo a mis padres desde el tren.
b. Viajamos en avión.
c. Charlan durante todo el viaje.
d. Llegas a la hora exacta a tu destino.

4. Transforma las siguientes frases expresando una repetición.
a. Visitará México.
b. Te hablaré de los países andinos.
c. Soñaremos con las vacaciones.
d. Observaréis el paisaje desde el tren.

1 La escena descrita en el texto ocurre en América Latina. ¿Cómo lo sabemos?

2 ¿Qué le gusta al protagonista?

3 ¿Por qué lo mira sorprendido el expendedor?

4 ¿Puedes explicar la frase: «En avión se llega, no se viaja» (l. 15)?

5 Y tú, ¿cómo prefieres viajar?

Mi día ideal

Grazia Nidasio: *Nina*

Para decirlo

pensativo(a): *pensif, pensive*
soñador(a): *rêveur, rêveuse*
un sueño: *un rêve*
la realidad: *la réalité*
imaginar: *imaginer*
desear: *souhaiter*
los juguetes: *les jouets*
el ajedrez: *les échecs*

1. *on a math*
2. *ici, se rendre compte*
3. *m'achète*
4. película
5. *se marient*
6. *soient*
7. *diminutif de* mamá

1 ¿Está contenta Nina? ¿Por qué?

2 ¿Cómo sería el día ideal de Nina?

3 ¿Cómo sería tu día ideal? ¿Qué te gustaría hacer?

Recuerda

1. Pon en futuro las frases siguientes.

a. Llueve.
b. Tocan «mates».
c. Me llevan al dentista.
d. Estamos sin «tele».
e. Como patatas fritas.
f. Juego con Samanta.

2. Pon en condicional las frases anteriores.

¡Viva el deporte!

Yago Lamela

Yago Lamela, el recordman de España de salto de longitud (8,56 metros) es uno de los atletas más importantes del panorama mundial. Este atleta de 24 años es asturiano aunque vive en Madrid.

Yago piensa que en su especialidad, el límite humano está un poco por encima de los dos metros. "Aunque todo depende del entrenamiento y de la técnica durante el salto".

El atleta Yago Lamela en pleno salto.

Isabel Fernández

"Empecé con 7 años y a los 19 ya estaba en el equipo senior absoluto y era campeona de España ... y eso que solamente entrenaba por las tardes."

La yudoca Isabel Fernández durante su actuación en Sydney.

Isabel define el yudo como una especialidad nada agresiva: "Es un deporte de lucha, pero también influye, y mucho, la técnica y la táctica. Lo más importante es la cabeza".

Tiene 29 años. Es de Alicante y fue medalla de oro en los Juegos Olímpicos de Sydney. Ahora se prepara para los Juegos Olímpicos de Atenas.

El País Semanal, 18/11/2001

Copia en tu cuaderno esta ficha dos veces y rellénala con dos de los deportistas descritos.

Nombre: ....

Edad: ....

Disciplina deportiva: ....

Medalla(s): ....

Obtenida(s) en : ....

El gimnasta Gervasio Deferr el día que ganó la medalla de oro.

Iballa y Daida Ruano Moreno

Las gemelas Iballa y Daida, han puesto rostro y nombre al windsurf español. En su diminuto pueblo, Pozo Izquierdo, a media hora de camino de Las Palmas, en la isla de Gran Canaria, los vientos corren a todo trapo. Las olas, en la playa, alcanzan en ocasiones los tres metros de altura. Según las gemelas, Pozo Izquierdo es el Hawai europeo. Ellas empezaron con 17 años y hoy a los 23 años, suman entre las dos cinco títulos mundiales. Dicen que no persiguen la popularidad. "Nosotras queremos navegar, demostrar que podemos hacerlo mejor que nadie."

Magazine *La Vanguardia,* 4/11/2001

Las dos hermanas campeonas de windsurf, Iballa y Daida Ruano Moreno.

Gervasio Deferr

La especialidad de este joven barcelonés nacido en 1980 es la gimnasia artística.

Aunque en su familia no existía tradición por los deportes, la gran actividad física que Gervasio mostraba de niño hizo pensar a su madre que lo mejor era llevarlo a un gimnasio. Su título de campeón olímpico supuso la primera medalla de oro española en los Juegos Olímpicos de Sydney.

Una anécdota: Gervasio lleva pendientes, y sólo aceptó quitárselos el día de la competición, ¡por esa razón no los veis en la fotografía!

Escucha

1. ¿De qué futbolista hablan los niños? ¿Cuánto le pagan al día?
2. ¿Qué dicen los niños de él?
3. ¿Qué saben de este futbolista?
4. ¿Les gusta a los niños el Madrid?

WWW

http://www.deporweb.com

RECUERDA Y PRACTICA

1 Le futur des verbes réguliers

CAMINAR	COMPRENDER	VIVIR
camin**aré**	comprend**eré**	viv**iré**
caminar**ás**	comprender**ás**	vivir**ás**
caminar**á**	comprender**á**	vivir**á**
caminar**emos**	comprender**emos**	vivir**emos**
caminar**éis**	comprender**éis**	vivir**éis**
caminar**án**	comprender**án**	vivir**án**

◆ Je forme le futur à partir de l'infinitif auquel j'ajoute les terminaisons : **-é**, **-ás**, **-á**, **-emos**, **-éis**, **-án** pour les trois groupes verbaux.

Mets au futur les verbes entre parenthèses.

1. El año próximo … (él-vivir) en otra ciudad.
2. Este verano … (yo-empezar) a practicar la equitación.
3. ¿Me … (tú-escribir) una carta?
4. … (ellas-conseguir) un equipo de esquí.

2 Le futur des verbes irréguliers

▸ Je retiens le futur de ces verbes irréguliers:

caber → **cabré cabrás…**
decir → **diré, dirás…**
haber → **habré, habrás…**
hacer → **haré, harás…**
poder → **podré, podrás…**
poner → **pondré, pondrás…**
querer → **querré, querrás…**
saber → **sabré, sabrás…**
salir → **saldré, saldrás …**
tener → **tendré, tendrás …**
venir → **vendré, vendrás …**

Mets les verbes au futur.

1. Saben la lección de memoria.
2. Vengo mañana.
3. Salen de paseo.
4. Puedo esquiar.
5. Tenemos buenas notas.

3 Le futur proche : ir a + infinitif

◆ Je forme le futur proche avec le verbe **ir** conjugué au présent suivi de la préposition **a** + l'infinitif.

Este año voy a hacer mucho deporte.
Cette année je vais faire beaucoup de sport.

Fais des phrases avec le futur proche.

1. Este verano/yo viajar/a España
2. Mañana/ellos ir/al cine
3. El viernes/tú hacer/una fiesta
4. El próximo trimestre/ nosotros estudiar/mucho

4 La répetition : volver a + infinitif

◆ Je peux exprimer la répetition avec **volver a** suivi de l'infinitif.

Volví a ver a Marisa.
J'ai revu Marisa.

¿Puede volver a explicar el ejercicio?
Pouvez-vous réexpliquer l'exercice ?

Exprime la répétion à partir des phrases suivantes.

1. El hijo se enfadará.
2. Haré el ejercicio.
3. Cogerán el tren.
4. Hablará con él.

5 L'expression de l'opposition : no ... sino

◆ Pour exprimer l'opposition dans une phrase négative j'utilise:
No… sino
*No me gusta viajar en coche **sino** en tren.*
Je n'aime pas voyager en voiture mais en train.

Imite le modèle.

Yo / vivir en Madrid / en Málaga →
No vivo en Madrid sino en Málaga.

1. Vosotros / comer carne / pizza →
2. Tú / jugar al fútbol / al tenis →

6 Acabar de + infinitif

◆ Pour exprimer une action qui vient de se terminer j'utilise:

Acabar de + infinitif:
venir de + infinitif.

Acabo de ver a Juan.
Je viens de voir Juan.

Exprime une action qui vient de se terminer.

1. Subo al tren.
2. Paseas por el bosque.
3. Hacen «puenting».
4. Dice una cosa.

7 Le conditionnel des verbes réguliers

CAMINAR	COMPRENDER	VIVIR
caminar**ía**	comprender**ía**	vivir**ía**
caminar**ías**	comprender**ías**	vivir**ías**
caminar**ía**	comprender**ía**	vivir**ía**
caminar**íamos**	comprender**íamos**	vivir**íamos**
caminar**íais**	comprender**ías**	vivir**íais**
caminar**ían**	comprender**ían**	vivir**ían**

◆ Je forme le conditionnel à partir de l'infinitif auquel j'ajoute les terminaisons **-ía, -ías, -ía, -íamos, -íais, -ían** pour les trois groupes verbaux.

Mets les verbes au conditionnel.

1. Cándida compra un equipo súper.
2. Con un coche nuevo viajo por Europa.
3. La madre no lo considera como un niño.
4. Con entrenamiento superan el récord.

8 Le conditionnel des verbes irréguliers

▸ Les verbes qui ont un futur irrégulier ont également un conditionnel irrégulier.

caber → cabría, cabrías…
decir → diría, dirías…
haber → habría, habrías…
hacer → haría, harías…
poder → podría, podrías…
poner → pondría, pondrías…
querer → querría, querrías …
saber → sabría, sabrías…
salir → saldría, saldrías …
tener → tendría, tendrías …
venir → vendría, vendrías …

Mets au conditionnel les verbes en gras.

1. Los alumnos **pueden** venir a las cuatro.
2. ¿Cómo **haces** tú el ejercicio?
3. ¿**Tienes** ganas de viajar?
4. ¿Dónde lo **pones** tú?

Connais-tu bien ton unité ?

1. Dans le texte «Viaje en avión» p. 109, relève tous les verbes à la première personne du singulier et donne leur infinitif. **2.** Dans le texte «Paulina, camino de la montaña» p. 111 cherche les verbes au passé simple et donne leur infinitif.

¡UTILIZA LA LENGUA!

Escucha y entrénate

1. Écoute attentivement ces sons qui peuvent te paraître très proches mais qui sont différents et répète-les.

coser	cocer
casa	caza
corso	corzo
risa	riza
tasa	taza
sueco	zueco
sierra	cierra

2. Trabalenguas

«Aviso al público
de la República
que el agua pública
se va a cobrar,
para que el público
de la República
tenga agua pública
para tomar.»

Comunícate

¡De viaje!

Haz las preguntas de este test a un compañero(a) y descubre cómo es cuando va de viaje.

1. ¿Qué objeto te parece esencial cuando viajas?
a) Tu cámara de fotos para fotografiarlo todo.
b) Tu agenda para mandar muchas postales.
c) Un "kit" de supervivencia.

2. ¿Cómo tiene que ser tu maleta?
a) Comodísima para moverte con facilidad.
b) Grandísima para que te quepa todo.
c) Pequeñísima para no cargar demasiado.

3. ¿Qué llevas siempre en tu equipaje?
a) La foto de tus padres.
b) Algún juego para no aburrirte.
c) Una guía del lugar para verlo todo.

4. ¿Qué tipo de ropa llevas para ir de viaje?
a) Sencilla y cómoda.
b) Un poco de todo.
c) Adecuada al clima del lugar.

5. ¿Con quién te irías de viaje?
a) Con tus amigos(as).
b) Con tu novio(a).
c) Con tu familia.

6. En tu opinión, ¿para qué son las vacaciones?
a) Descansar y relajarse.
b) Vivir mil aventuras.
c) Visitar lugares desconocidos.

Suma sus puntos y dile qué clase de viajero(a) es.

1. a:4 b:2 c:6 **2.** a:6 b:2 c:4 **3.** a:2 b:6 c:4
4. a:2 b:6 c:4 **5.** a:4 b:6 c:2 **6.** a:2 b:6 c:4

De 12 a 20 puntos:
Viajar no es una de tus prioridades. Te gustan las vacaciones tranquilas y relajadas, con mucho tiempo para descansar.

De 20 a 28 puntos:
Te apasiona viajar. Te gusta informarte antes de ir a los sitios y verlo todo.

De 28 a 36 puntos:
Te gusta ir a la aventura y no planear lo que vas a hacer. Estás abierto(a) a todo tipo de propuestas.

¿Adónde vamos?

Tu vas apprendre à parler :

- des progrès technologiques, des inventions
- de l'environnement

Tu vas utiliser :

- le subjonctif imparfait
- la concordance des temps
- l'hypothèse

¿Será así nuestra vida mañana?

Una vivienda futurista

El tubo de aire comprimido lo llevó desde el nivel del suelo hasta su piso. Salió de él y llegó hasta su puerta. Puso la mano derecha sobre una placa de metal, y la puerta se abrió. Al instante, los servicios internos de la vivienda se pusieron en funcionamiento: nivel de temperatura, luz, acondicionamiento, oxigenación, y un largo etcétera. Fue a su habitación y se quitó la ropa de calle para ponerse una cómoda túnica. Después entró en la cocina electrónica y abrió el sistema de refrigeración. Tomó un jarro[1] de agua y bebió un largo sorbo[2].

Ese era uno de los extraños placeres que una máquina[3] jamás llegaría a gozar.

Jordi Sierra i Fabra, *En un lugar llamado tierra*, 1983

Santiago Calatrava: el Hemisfèric

1. ¿Cómo subió el protagonista del texto a su piso?
2. ¿Abrió la puerta con una llave?
3. La casa que se describe en este texto, ¿te parece como las nuestras? ¿En qué se diferencia?
4. ¿Te gustaría vivir en una casa así? Di por qué.
5. ¿Cómo imaginas la casa del futuro? Descríbela.

---

1. *un pichet*
2. *une gorgée*
3. *ici : robot*

Quelques prépositions

Desde … **hasta**
de, du … jusqu'à
Desde el nivel del suelo hasta su piso.

Sobre (**encima de**, **en**): sur
Puso su mano sobre una placa.

Practica

Completa las siguientes frases con la preposición adecuada.

1. El ascensor fue … el suelo … su habitación.
2. Puso la ropa … la cama.
3. Fue … la cocina y bebió agua.
4. … la cocina … la habitación había unos metros.

Recuerda

Le passé simple → p. 102

Pon el verbo en pretérito indefinido.

1. ... (nosotros-llegar) hasta el tubo de aire comprimido.
2. Para estar cómodo, ... (yo-ponerse) la túnica.
3. ... (tú-entrar) en la cocina para beber agua.
4. ... (ellos-ir) a instalar los servicios internos de la casa.

El teléfono del siglo XXI

Nuestras actuales cabinas telefónicas pueden cambiar mucho en el futuro. Lee atentamente el documento y responde a las preguntas.

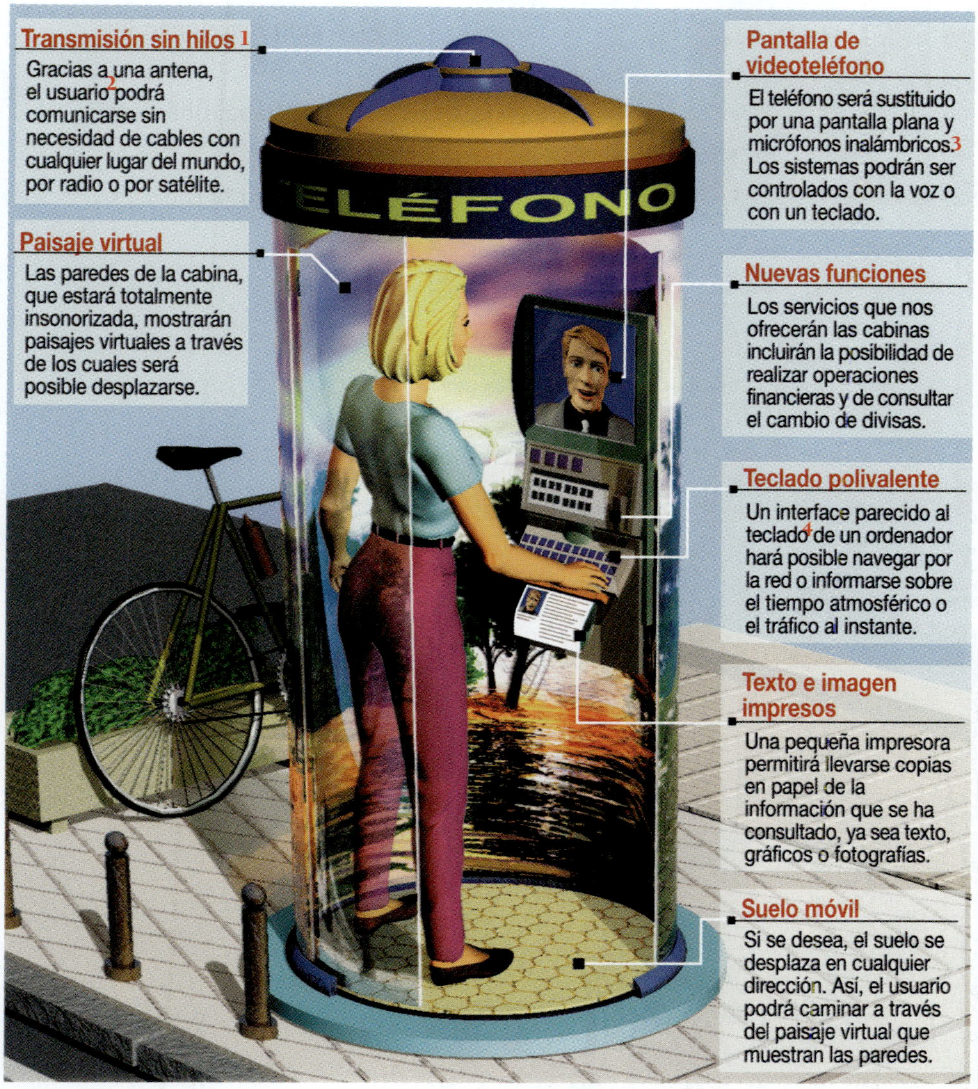

Muy interesante, julio 2001

1. ¿Qué podrás ver en las paredes de la cabina telefónica?
2. ¿Cómo se controlarán los sistemas del teléfono?
3. ¿Qué servicios nos ofrecerán las cabinas?
4. ¿Qué otras posibilidades ofrecerá la cabina del porvenir?
5. ¿Qué piensas tú de ella?

1. *sans fil*
2. *l'utilisateur*
3. *sans fil*
4. *un clavier*

Recuerda

Le futur → p. 106

Transforma el siguiente párrafo poniendo los verbos en futuro.

En esta cabina, podemos comunicarnos sin necesidad de cables. Las paredes están insonorizadas y el teléfono es sustituido por una pantalla plana y micrófonos. Ofrece numerosos servicios: comunicaciones, operaciones financieras, consulta del tiempo, etc. El suelo se desplaza y el usuario se mueve en cualquier dirección.

La possibilité

Ser posible + infinitif

Es posible desplazarse.
Il est possible de se déplacer.

Practica

¿Qué podremos hacer en la cabina del futuro?

Escribe tres frases utilizando: **ser posible** + infinitivo.

Preparando el porvenir

Escobar: *Zipi y Zape*

1 ¿De qué va a hablar el profesor?

2 ¿Cómo reaccionan los alumnos?

3 ¿Qué trabajo ha hecho Peloto?

4 ¿Qué han hecho Zipi y Zape?

1. *prendre soin de l'environnement*
2. *tant qu'on y est*
3. *économiser de l'eau*
4. *la couche d'ozone*
5. *très satisfaisant*
6. *entorse de la cheville*
7. *les déchets*
8. *ne salisse pas*
9. *le balai à franges*

Subjonctif imparfait

verbes réguliers

CUIDAR	APRENDER	VIVIR
cuida**ra/se**	aprendie**ra/se**	vivie**ra/se**
cuida**ras/ses**	aprendie**ras/ses**	vivie**ras/ses**
cuida**ra/se**	aprendie**ra/se**	vivié**ra/se**
cuidá**ramos/semos**	aprendié**ramos/semos**	vivié**ramos/semos**
cuida**rais/seis**	aprendie**rais/seis**	vivie**rais/seis**
cuida**ran/sen**	aprendie**ran/sen**	vivie**ran/sen**

▸ Ce temps a deux formes : cuida**ra** ou cuida**se**; aprendie**ra** ou aprendie**se**.

Practica

Pon los verbos en imperfecto de subjuntivo.

1. El profesor les dio un trabajo para que ... (aprender).
2. Llevaban una bolsa para que el perro no ... (ensuciar) la calle.
3. Cuidaban el medio ambiente para que todos ... (vivir) mejor.
4. Te lo explicaba para que ... (tú-entender).

Si don Quijote volviera...

Si don Quijote cabalgase[1] de nuevo, alucinaría aún más: sus viejos molinos serían estilizados *aerogeneradores* de Gamesa. [...] Es la más ambiciosa aventura de esta filial de Energía Hidroeléctrica de Navarra, que domina el 30 % del sector eólico español. El próximo año concluirá la instalación de 31 parques generadores en Albacete y Cuenca: 1418 molinos capaces de suministrar[2] electricidad a 650 000 hogares [...]. La inversión asciende a 914 millones de euros que constituyen el mayor crédito mundial a las energías alternativas. Estos parques castellano-manchegos[3] convertirán España en la segunda potencia eólica del planeta.

Capital, agosto 2001

1 Si volviera don Quijote, ¿por qué alucinaría?

2 ¿Es importante la energía eólica en España?

3 ¿Qué piensas de este tipo de energía?

1. *chevauchait*
2. *fournir*
3. *de Castilla-La Mancha*

L'hypothèse

Si + subjonctif imparfait + conditionnel.

Si don Quijote volviera, alucinaría.
Si don Quichotte revenait, il ne pourrait pas en croire ses yeux.

Les pourcentages

En espagnol les pourcentages sont précédés d'un article.

El 50% de la población cuida el medio ambiente.

Practica

1. Traduce estas frases.

a. 10% des élèves pratiquent l'écologie.

b. L' énergie solaire représentera 20%.

2. Conjuga los verbos para expresar la hipótesis.

a. Si don Quijote ... (volver), ... (ver) muchos cambios.

b. Si ... (nosotros-cuidar) más la naturaleza, ... (nosotros-vivir) mejor.

3. Si ... (nosotros-usar) la energía eólica, ... (nosotros-contaminar) menos.

Los gustos del futuro

Creando el grupo del siglo XXI

– ¿En qué clase de mundo vamos a vivir en los próximos cinco años? ¿Qué tipo de música escuchará y consumirá ese mundo? ¿Quiere alguno de ustedes jugar a futurólogo?

El grupo de ejecutivos y la secretaria se miraron. Nadie habló y sólo uno fue capaz de conservar la sonrisa con la que todos entraron en la sala de reuniones del director general de CEB-SAW, Clive Davidson. Aquel hombre sonriente, seguro de sí mismo, se llamaba Art Zemeckis.

– ¿Don? –insistió Davidson ante el silencio general.

El aludido[1] dibujó en su cara algo parecido a una mueca[2] y acabó encogiéndose de hombros[3]. El resto le observó con interés y alivio.

– Supongo que si supiéramos eso seríamos algo más que la compañía discográfica número uno del mundo, ¿no le parece, señor?

Jordi Serra i Fabra,
La balada del siglo XXI, 1991

El grupo virtual «Gorillaz»

1. ¿Para qué se reúnen los miembros de la compañía discográfica?
2. ¿Es importante esa compañía?
3. ¿Cómo era el director general?
4. ¿Sabrías tú darles un consejo para ayudarles?

1. *la personne concernée*
2. *une sorte de grimace*
3. *finit par hausser les épaules*

Le subjonctif imparfait

verbe irrégulier

SABER

supiera/supiese
supieras/supieses
supiera/supiese
supiéramos/supiésemos
supierais/supieseis
supieran/supiesen

▸ Les verbes irréguliers au subjonctif imparfait sont les mêmes qu'au passé simple.

Practica

Expresa la hipótesis siguiendo el ejemplo:
saber tocar la batería / formar parte de un grupo

→ Si supiera tocar la batería, formaría parte de un grupo.

1. entrar en un grupo de música / estar contento
2. saber solfeo / ser un buen pianista
3. ponerse a tocar la guitarra / tener trabajo en el grupo
4. ir al estudio / escuchar tu nuevo disco

La comida del futuro

1 ¿Qué está haciendo esta familia?

2 A tu parecer, ¿por qué tienen esas gafas tan raras?

3 Si fueras hijo(a) de esta familia, ¿cuál sería tu reacción?

Los alimentos biológicos, transgénicos y funcionales; la soja, el tofu o las algas multiproteínicas; la congelación criogénica, la turbopasta que se cuece a reacción… toda esta legión de productos nos van a saber pronto a rancio[1]. En el Proyecto Cassandra, desarrollado por científicos y expertos de la industria alimentaria para identificar los gustos de los consumidores del mañana y así satisfacerlos en el futuro, aparecen apetencias[2] tan singulares como el pan de regaliz[3] o los chicles de coles de Bruselas y se prevén cultivos de frutos sin semillas, de pomelos que no amargan[4]. […]

De momento, las apetitosas fresas que se hunden en ciertos yogures ya no tienen nada que ver con las que crecen al natural: la empresa Unilever ha patentado[5] unas fresas de pega[6] mezclando ínfimas trazas de desecho[7] de frutas con gelatina elaborada con extracto de algas, a lo que se añaden aromas y colorantes. Gran parte de los ingredientes del menú serán producto de cócteles químicos.

Muy, extra verano 2001

1 ¿Qué comeremos en el futuro?

2 ¿Te gustan los alimentos del futuro? ¿Por qué?

3 ¿Cómo fabrica Unilever los yogures de fresa?

1. saber a rancio: *avoir un goût vieillot*
2. *goûts*
3. *réglisse*
4. *pamplemousses qui ne sont pas amers*
5. *a breveté*
6. *des fausses fraises*
7. *traces de résidus*

Recuerda

Le gérondif → p. 38

Sigue el modelo.

Han patentado fresas / mezclan gelatina y desechos
→ Han patentado fresas mezclando gelatina y desechos.

1. Han fabricado chicles / añaden algas.
2. Han cultivado pomelos dulces / utilizan productos químicos.
3. Han tenido ideas / identifican los gustos del consumidor.

Escucha

1. ¿Quién es Gonzalo?
2. Describe a su abuela.
3. ¿En qué consiste su idea?
4. ¿Qué te parece?

Viaje sideral

El abogado (Hal Yakzuby) viaja en una nave espacial con su cliente (Djub Ehr) para preparar su defensa en un juicio.

– Señores pasajeros, les damos la bienvenida a bordo del vuelo intercomunitario EG-327 entre las comunidades de Ezebel y Gessaria. La nave Effren, de la flota 4, será conducida por el teniente[1] Less. La duración del vuelo se estima en 8 punto 250 horas…

La voz mecánica continuó hablando. Hal Yakzuby sujetó[2] su cinturón de seguridad, comprobó[3] la presión de su traje[4] de vuelo y se aseguró de que tenía los dispositivos de auxilio para un caso de emergencia. No era un viaje excesivamente largo. El tiempo de realizar una comida, quizás un poco más.

Sabía lo que iba a encontrar en Gessaria o, cuando menos[5], creía intuirlo. No esperaba demasiado de aquel viaje ni de lo que lograra[6] investigar. El pasado de Djub Ehr, su infancia, adolescencia, juventud y madurez, apenas si cubriría[7] una página del expediente del caso. Sin embargo, era necesario. Podía surgir un factor imprevisto, y por otra parte, tenía que conocer muy a fondo al hombre que iba a defender. Cuanto más pudiera meterse dentro de su piel, mejores argumentos hallaría[8] en su defensa y con mayor eficacia cumpliría su papel[9] de abogado defensor.

Jordi Sierra i Fabra, *En un lugar llamado tierra*, 1983

1. *le lieutenant*
2. *attacha*
3. *vérifia*
4. *combinaison*
5. *du moins*
6. *de ce qu'il parviendrait*
7. *remplirait à peine*
8. *trouverait*
9. *rôle*

1 Presenta a los protagonistas del texto.

2 ¿Te parece que Hal Yakzuby es un buen abogado?

3 ¿Dónde están? ¿Hacia dónde se dirigen?

4 ¿Qué elementos del texto te hacen pensar en el futuro?

Recuerda

Conjuga los verbos entre paréntesis para expresar una hipótesis.

1. Si ... (nosotros-ir) a Gessaria, ... (tardar) 8 punto 250 horas.

2. Si ... (yo-viajar) en la nave, ... (yo-comprobar) la presión de mi traje.

3. Si ... (tú-defender) a Djub, ...(tú-tener) que conocerle más a fondo.

4. Si ... (haber) una emergencia, ... (ellos-utilizar) los dispositivos de auxilio.

Por una ciudad limpia

Para decirlo

un cartel: *une affiche*
el oso: *l'ours*
coger: *prendre*
recoger: *ramasser*
tirar: *jeter*
una papelera: *une corbeille à papier*
un papel: *un papier*
señalar con el dedo: *montrer du doigt*
limpieza: *propreté*

1. ¿Qué hace el oso? ¿Por qué?
2. ¿Qué hace el árbol? ¿Para qué?
3. ¿Cómo está el señor?
4. ¿Qué piensas de esta publicidad?
5. ¿Qué podemos hacer nosotros para cuidar el medio ambiente?

- Analiza la publicidad con ayuda de la ficha «Con método» p. 51

Recuerda

Forma frases correctas uniendo las dos columnas.

1. Los dibujantes van ...	**a.** ... a la hora de proteger el medio ambiente.
2. Muchas personas colaboran ...	**b.** ... a Madrid para hacer carteles ecológicos.
3. Han puesto nuevas papeleras ...	**c.** ... sobre el tema de la limpieza.
4. Hay que ser responsables ...	**d.** ... en todas las calles de la ciudad.
5. Ricardo y Nacho han hecho un cartel ...	**e.** ... con la campaña: «Madrid limpio».

¡Protege la tierra!

En 1976, gracias a la Unesco, comenzaron a crearse reservas que intentan conseguir la armonía entre el desarrollo humano y la conservación de la naturaleza. Actualmente hay 393 de estas reservas en el mundo, y de ellas, 19 están en España.
Estas reservas naturales se clasifican en bosques, lagos, montañas, islas y desiertos. Aquí te presentamos algunas de las más importantes de España y América Latina.

Toros bravos paseando por el parque de Doñana.

Un ejemplar de oso pardo en Somiedo.

El parque natural de Somiedo

Localización: *Asturias*
Dimensión: *29 121 hectáreas*
Reserva de la Biosfera desde: *2000*
Peculiaridad: Armonía entre la conservación de la naturaleza y el desarrollo de la agricultura. En este parque natural vive una de las especies animales más amenazadas de España: el oso pardo, ¡sólo hay unos cien ejemplares!

¿Qué puedes decir de ...?
- El oso pardo.
- El parque español más conocido.
- Las selvas del Amazonas.

El parque de Doñana

Localización: *Huelva y Sevilla*
Dimensión: *77 260 hectáreas*
Reserva de la biosfera desde: *1980*
Peculiaridad: Es el parque nacional español más conocido en el mundo. Tiene una extraordinaria variedad de flora y de fauna. Su mayor problema son los vertidos industriales.

La isla de Lanzarote

Localización: *Islas Canarias*
Dimensión: *84 610 hectáreas*
Reserva de la biosfera desde: *1993*
Peculiaridad: Tiene paisajes volcánicos espectaculares donde domina el color negro. Uno de los grandes enemigos de esta isla es el turismo.

Paisaje volcánico de la isla de Lanzarote.

El cabo de Gata-Níjar

Localización: Almería

Dimensión: 46 000 hectáreas

Reserva de la biosfera desde: 1997

Peculiaridad: Tiene una gran diversidad de paisajes: montañas, dunas, salinas y playas y los 50 kilómetros de costa mejor conservados de España. Su principal problema es el exceso de turistas.

Vista aérea de las costas de Cabo de Gata.

El pulmón de la tierra: la Amazonía

Las selvas del Amazonas constituyen una importante fuente de diversidad. En ellas conviven el 11% de las aves del planeta, el 16% de los mamíferos y el 61% de los anfibios. En un árbol pueden vivir hasta 800 especies de criaturas.

Desafortunadamente, la Amazonía sufre una cruel desforestación: en algunas zonas muchos de sus árboles han desaparecido. La acción de los leñadores, la construcción de carreteras, la contaminación y los buscadores de oro son los principales responsables.

A pesar de todos estos problemas, aún quedan lugares maravillosos en esta bella región. La capital de la Amazonía colombiana, Leticia, es un buen ejemplo.

Niños viajando en piragua por el río Amazonas

Escucha

Ahora vas a escuchar una entrevista realizada a un profesor de una escuela de Leticia (Colombia).

1. ¿Cómo se vive en Leticia?
2. ¿Qué animales ven todos los días?
3. ¿Cómo es la escuela?
4. ¿Qué suelen hacer un día normal?

WWW

http://www.donana.es/

RECUERDA Y PRACTICA

1 Le subjonctif imparfait : verbes réguliers

CAMINAR	APRENDER	VIVIR
*camina**ron** (passé simple)*	*aprendie**ron** (passé simple)*	*vivie**ron** (passé simple)*
camina**ra**/camina**se**	aprendie**ra**/aprendie**se**	vivie**ra**/vivie**se**
camina**ras**/camina**ses**	aprendie**ras**/aprendie**ses**	vivie**ras**/vivie**ses**
camina**ra**/camina**se**	aprendie**ra**/aprendie**se**	vivie**ra**/vivie**se**
caminá**ramos**/caminá**semos**	aprendié**ramos**/aprendié**semos**	vivié**ramos**/vivié**semos**
camina**rais**/camina**seis**	aprendie**rais**/aprendie**seis**	vivie**rais**/vivie**seis**
camina**ran**/camina**sen**	aprendie**ran**/aprendie**sen**	vivie**ran**/vivie**sen**

◆ Je forme le subjonctif imparfait à partir de la troisième personne du pluriel du passé simple. Je remplace la dernière syllabe par :
-ra, -ras, -ra, -ramos, -rais, -ran ou **-se, -ses, -se, -semos, -seis, -sen**
Je remarque donc que le subjonctif imparfait a deux formes.

Conjugue les verbes au subjonctif imparfait.

1. Cuidaban la naturaleza para que los animales ... (vivir) mejor.
2. Inventaron nuevos alimentos para que la gente ... (probar) nuevos sabores.
3. Explicaba despacio para que sus alumnos ... (comprender) bien.
4. Hicieron carteles para que la gente ... (respetar) la ciudad.

2 Le subjonctif imparfait : verbes irréguliers

▸ Attention : quand la troisième personne du pluriel du passé simple est irrégulière, cette irrégularité se retrouve à toutes les personnes de l'imparfait du subjonctif.

ser/ir → *fue**ron*** → *fue**ra**/fue**se***
estar → *estuvie**ron*** → *estuvie**ra**/estuvie**se***
tener → *tuvie**ron*** → *tuvie**ra**/tuvie**se***
hacer → *hicie**ron*** → *hicie**ra**/hicie**se***
decir → *dije**ron*** → *dije**ra**/dije**se***

Conjugue les verbes au subjonctif imparfait.

1. Quería que nosotros ... (ir) a su casa.
2. Esperaba que sus hijos ... (tener) buenas notas.
3. Era importante que vosotros ... (decir) la verdad.
4. Esperábamos que Carmen ... (hacer) ese trabajo.

3 Le subjonctif imparfait et l'hypothèse

◆ J'emploie **si** suivi du subjonctif imparfait + le conditionnel pour exprimer l'hypothèse.

Si comieras mejor estarías más sano.
Si tu mangeais mieux tu serais en meilleure santé.

Conjugue les verbes entre parenthèses

1. Si … (yo-tener) dinero, … (viajar) en un cohete.
2. Si … (nosotros-vivir) en el año 2020, … (comer) pan de regaliz.
3. Si … (tú-estar) en Navarra, … (visitar) el parque eólico.
4. Si … (yo-ser) más joven, … (viajar) contigo.

4 La concordance des temps

Je remarque que si la principale est au passé, **para que** est suivi du subjonctif imparfait.
Si la principale est au présent, **para que** est suivi du subjonctif présent.
Era para que buscáramos el grupo ideal.
Es para que busquemos el grupo ideal.

La même règle s'applique avec **sin que** (sans que) et **hasta que** (jusqu'à ce que).

Conjugue le verbe entre parenthèses.

1. Enseñaba ecología para que sus alumnos ... (proteger) el planeta.
2. Plantaban árboles para que el futuro ... (ser) mejor.
3. Instaló un hotel en órbita para que los turistas ... (poder) ir al espacio.

5 L'expression de la possibilité

Pour exprimer une possibilité j'utilise **ser posible** + infinitif.

Es posible desplazarse en la cabina.
Il est possible de se déplacer dans la cabine.

▸ Je remarque qu'en espagnol il n'y a pas de préposition devant l'infinitif.

Conjugue le verbe entre parenthèses.

Realizaremos operaciones financieras en las cabinas → Será posible realizar operaciones financieras en las cabinas.

1. Subiremos a casa en un tubo de aire comprimido.
2. Comeremos pan de regaliz.
3. Haremos viajes siderales.

6 L'expression de la répétition

De nuevo sert à exprimer la répétition de même que **volver a** + infinitif que tu as déjà étudié à l'unité 7.

El profesor me ha preguntado de nuevo.
Le professeur m'a à nouveau interrogé.

Otra vez est une autre façon d'exprimer la répétition.
Han comido soja otra vez. Ils ont encore mangé du soja.

Exprime la répétition.

1. Hago mi maleta.
2. Comienza a investigar.
3. Bebió un vaso de agua.
4. He visto la película.

7 Le pourcentage

▸ En espagnol le pourcentage est toujours précédé de l'article.

Un 30% *de la población recicla plásticos.*

El 80% *de los alumnos recibe clases de protección medioambiental.*

Fais des phrases en suivant le modèle.

60 % de los jóvenes /tener un teléfono móvil. → El 60% de los jóvenes tiene un teléfono móvil.

1. 80 % de los alumnos / ir a la Universidad.
2. 60% de las personas / preferir una vivienda moderna.
3. 50% de la población / quiere ser vegetariano.

Connais-tu bien ton unité ?

1. Dans le document «El teléfono del siglo XXI» page 123 fais une liste des mots relatifs à la technique.
2. Dans le texte «La comida del futuro» de la page 127 note tous les mots relatifs à la nourriture.

¡UTILIZA LA LENGUA!

Escucha y entrénate

1. Écoute et répète ces mots que tu as rencontrés dans l'unité.

• rugido • refrigeración • jarro • potencia
• guitarra • soja • chicle • porcentaje
• desecho • viajar • vivir • zona • pueblo

3. Trabalenguas

«Si esta gallina no fuera pinta
piririnca, piriranca,
rubia y titiblanca,
no criaría los pollitos pintos,
piririncos, pirirancos,
rubios y titiblancos.»

2. Apprends ce poème par cœur.

Si yo pudiera viajar
hacia la luna viajara,
pero señor,
para averiguar si tiene
limpia la cara.
Pero señor,
pero señor, señor mío,
pero señor
y saber si hace calor
o es que hace frío.
Pero señor.

Nicolás Guillén,
en *Antología mayor*, 1964

Comunícate

¿Eres aventurero?

Haz las preguntas de este test a un(a) compañero(a) y descubre si tiene espíritu aventurero.

1. **¿Qué haces si estás en la calle y es hora de comer?**
   a) Entras en una hamburguesería.
   b) Buscas un restaurante exótico para probar nuevos platos.
2. **¿Qué haces si es fin de semana y hace mucho frío?**
   a) Te quedas en casa viendo la televisión.
   b) Vas de excursión a la sierra a tomar el aire.
3. **¿Qué harías si te regalaran una brújula?**
   a) La pondrías de adorno encima de tu escritorio.
   b) Organizarías una excursión para aprender a usarla.
4. **¿Cómo reaccionarías si tu mejor amigo(a) se inscribiera en un cursillo de preparación para viajes espaciales?**
   a) Pensarías que es una tontería.
   b) Te apuntarías tú también.
5. **¿Qué harías si te invitaran a hacer «puenting»?**
   a) Pondrías como excusa que te han invitado a una fiesta.
   b) Aceptarías inmediatamente.
6. **¿Cómo preferirías planear tus vacaciones de verano?**
   a) Informándote sobre viajes organizados.
   b) Eligiendo un destino y organizando tú mismo(a) el viaje.

Mayoría de «a»: No tienes espíritu aventurero. Lo tuyo es la comodidad. Prefieres el «zapping» al «puenting».

Mayoría de «b»: Pareces Indiana Jones. Te gustan las nuevas sensaciones y siempre estás dispuesto(a) a vivir una nueva aventura.

¡De fiesta!

Otoño

- La Hispanidad
- El Pilar
- Los Difuntos

Invierno

- La Navidad
- La Nochevieja
- Los Reyes
- La Candelaria
- El Carnaval

Primavera

- Las Fallas
- El Rocío

Verano

- La Noche de San Juan
- La Tatá-Yehasa

El 12 de octubre, día de la Hispanidad

Las Carabelas de Cristóbal Colón llegando al Nuevo Mundo. (Cuadro anónimo del s. XVII)

El 9 de mayo de 1453, el Imperio turco se hizo dueño de Constantinopla; para los países europeos, el comercio con Asia ya no era posible. Portugal empezó a buscar un nuevo camino por mar. El plan era sencillo, pero lento: seguir la costa de África. En 1487, Bartolomé Dias dió la vuelta al Cabo de Buena Esperanza.
Por aquellas mismas fechas, Cristóbal Colón, intentaba conseguir la ayuda de los reyes españoles, doña Isabel y don Fernando, para probar un camino distinto: él quería ir hacia el oeste, cruzando el Atlántico.
Por fin, en 1492, los Reyes Católicos decidieron ayudar a Colón. El 12 de octubre de ese mismo año, tres barcos españoles encontraban tierra al otro lado del Atlántico. De esta manera, Europa había llegado a América.

Luis María Carrero,
El secreto de Cristóbal Colón, 1994

Historia y origen del día de la Hispanidad

En el siglo XIX, Simón Bolivar hace una proposición a la corona española para crear una federación hispano-americana y poner[1] fin a la guerra entre España y América. En 1917, el Presidente de la República Argentina, Hipólito Irigoyen, declara el 12 de octubre como Fiesta Nacional. En España, en 1918, el rey Alfonso XIII establece esta fecha como día de la Hispanidad y Fiesta Nacional.
El 12 de octubre pretende ser un día de fiesta en el que se quiere unir a todos los países de habla hispana (veintiún países hablan español como lengua oficial).

1. *mettre*

Cristóbal Colón indica a sus marineros la primera tierra descubierta, en el archipiélago de las Bahamas. (Cuadro anónimo del s. XVII)

1. ¿Cuándo descubrió América Cristóbal Colón?
2. ¿Quién le ayudó?
3. ¿Qué se celebra el doce de octubre?
4. ¿Cuántos países tienen el español como lengua oficial?

Las fiestas de «El Pilar»

El Pilar

En España, el 12 de octubre, además[1] de la Fiesta Nacional y el día de la Hispanidad se celebran[2] las fiestas de la Virgen del Pilar en Zaragoza. La Virgen del Pilar es la patrona[3] de esta ciudad y de todos los países de habla hispana. Estas fiestas duran una semana durante la que[4] hay mucha animación, celebraciones, bailes[5]... Los participantes, procedentes de las diferentes regiones de España, desfilan por la ciudad vestidos con sus trajes típicos[6]. El desfile termina en la basílica, donde depositan[7] flores a la Virgen. Para concluir las fiestas se organizan fuegos artificiales[8].

1. *en plus*
2. *on fête*
3. *sainte patronne*
4. *pendant laquelle*
5. *des bals*
6. *habillés en costumes régionaux*
7. *ils déposent*
8. *des feux d'artifice*

1 ¿Qué fiestas se celebran en España el 12 de octubre?

2 Describe lo que se hace en la fiesta de «El Pilar».

3 ¿Cuándo es la Fiesta Nacional de tu país?

Bailes tradicionales y ofrenda de flores durante las fiestas de «El Pilar», en Zaragoza (Aragón).

WWW

http://inter.net.do/dominicana/personas/colon_cristobal.htm

El día de los muertos en México

Todos los países del mundo rinden culto a sus muertos, pero la celebración de la fiesta de Muertos mexicana es una de las más singulares y coloridas. Tiene raíces prehispánicas, principalmente del pueblo azteca. Los aztecas pensaban que los muertos, durante el viaje[1] que tenían que realizar hasta llegar al paraíso[2], podían volver[3] a visitar a sus familiares una vez al año[4].

El 2 de noviembre, a medianoche, la gente recibe a los muertos en los cementerios o en los altares[5] que se preparan en las casas. Tumbas y altares se adornan[6] con flores y velas[7] para indicar al difunto el camino a seguir[8]. También se preparan las bebidas y alimentos que el difunto prefería en vida, para que se reponga[9] del largo viaje. Toda esta ceremonia se acompaña de música y fuegos artificiales.

Las calles de las ciudades se visten de fiesta. Los esqueletos, en forma de disfraces[10] y juguetes, son los protagonistas. Los mexicanos juegan con la muerte e incluso se la comen: son típicos el pan de muerto y las calaveras de azúcar[11].

Muñecos con forma de esqueletos.

Personas disfrazadas de esqueletos bailando par la calle.

1. *le voyage*
2. *jusqu'à l'arrivée au paradis*
3. *revenir*
4. *une fois par an*
5. *les autels*
6. *sont décorés*
7. *bougies*
8. *le chemin à suivre*
9. *pour qu'il reprenne des forces*
10. *des déguisements*
11. *en sucre*

1 ¿Cuándo se celebra el día de los muertos en México?

2 ¿Por qué es especial esta fiesta?

3 ¿Qué dulces típicos se comen en esta fiesta?

http://muertos.palomar.edu/

Santos y Difuntos en España

En España la fiesta de los difuntos no es tan alegre como en México. La costumbre[1] es ir a los cementerios para visitar y adornar las tumbas de los familiares muertos. Se intenta compensar de alguna manera esos momentos amargos[2] con dulces típicos : «buñuelos» y «huesos de santo» principalmente. En el norte de España, se suelen comer castañas[3].
En algunas zonas, los niños piden dulces por las casas y llevan calabazas[4]; estas costumbres nos hacen pensar en la noche de Hallowen. Así se llama en los países anglosajones a la noche del 31 de octubre. Las celebraciones de estas fiestas tienen origen celta. Para este pueblo era la última noche del año y creían que en ese momento era cuando los espíritus de los muertos volvían a sus casas; en su honor celebraban una gran fiesta.

1 ¿Qué diferencias hay entre la fiesta de los muertos en México y el día de los difuntos en España?

2 ¿Se celebra este día en tu país? ¿Cómo?

3 ¿Qué dulces típicos se comen para esta ocasión?

1. *la coutume*
2. *durs, difficiles*
3. *des châtaignes*
4. *des citrouilles*

Huesos de santo

Ingredientes de la receta:
- 1/2 kilo de almendras picadas y peladas
- 250 gr de azúcar en polvo
- 9 yemas
- azúcar glass para espolvorear

Unir muy bien el azúcar y las almendras hasta obtener una pasta muy fina. Extender esta masa con un rodillo y espolvorear con azúcar glass para que no se pegue.
Cuando la masa tenga 1/2 cm de espesor, cortarla en cuadritos como de 5 cms de lado y formar "los huesos de santo" alrededor de un palito grueso. Unir los bordes de la pasta y retirar el palito con cuidado.
Cuando la masa esté dura, rellenar con mermelada o crema pastelera o de yema. La yema para rellenarlos puede prepararse así: poner en un cazo un dedo de agua y 100 gr de azúcar; cuando tenga el punto de jarabe, mezclar con las yemas de huevo batidas, dejar el fuego muy suave y cocer todo junto sin dejar de remover con cuidado para que no se pegue.

D'après *Receta de la abuela Luisa*, *Dulces de la abuela*, 2001

Dulces típicos mexicanos durante las fiestas de los difuntos: las calaveras de azúcar.

Los Huesos de santo son una especialidad madrileña que se come el día de la fiesta de Todos los Santos.

¡Feliz Navidad!

Un Belén gigante en El Escorial, cerca de Madrid.

Encontré una cesta de mimbre[1] que contenía un belén completísimo y además precioso, y entre los chicos y yo lo montamos una tarde. Nos llevó[2] todo un domingo la recogida de musgo y cortezas de árbol[3], en lo que participaron hasta los más pequeños, y nos quedó tan bonito[4] que todo el pueblo desfiló por la escuela para verlo.

Lucía Baquedano,
Cinco panes de cebada, 1981

1. *un panier en osier*
2. *cela nous a pris*
3. *le ramassage de mousse et des écorces d'arbre*
4. *si joli*

1 Explica cómo se celebra en España la Navidad.

2 ¿En tu país hay las mismas costumbres? Explícalas.

El Belén

Esta costumbre viene de la pequeña localidad de Grecio, en Italia. En 1223, San Francisco de Asís, decide instalar un Pesebre con las figuras del Niño Jesús, María y José para la misa de medianoche del 24 de diciembre. Carlos III (rey de Nápoles y de España) introduce esta tradición en España en el siglo XVIII. Desde el principio[1] y frente a estas representaciones, se empezaron a cantar cantos sencillos[2] llamados «villancicos».

1. *depuis le début*
2. *des chants simples*

En el portal de Belén
hay estrellas, sol y luna,
la Virgen y San José
y el niño que está
en la cuna.
Ande, ande, ande,
la marimorena,
Ande, ande, ande
que hoy es Nochebuena.

Villancico tradicional

Un dulce típico navideño: el turrón

El turrón

Se dice que viene de los tiempos de la dominación musulmana. En aquella época, se hace un concurso para encontrar una comida[1] de gran contenido nutritivo y de larga conservación para suministrar a las tropas árabes en sus batallas contra las tropas cristianas.
El turrón es desde hace muchos siglos[2] el dulce típico de las fiestas de Navidad, al igual que el mazapán y los polvorones.

1. *une nourriture*
2. *depuis des siècles*

Nochebuena con buen tiempo

Julius ya estaba [...] sentado en el comedor, esperando a los recién llegados[1] para empezar la cena navideña, sonreía ... mientras recordaba las quejas[2] de Deci : «No se respeta aquí la Navidad; esta noche es Nochebuena y no se ve un solo árbol de Navidad.» Julius intervino[3] para decirle que en eso[4] él creía que mami tenía razón. «Mami dice que no se puede poner arbolitos de Navidad llenos de algodón para que parezca nieve[5], cuando nos estamos achicharrando de calor[6]. Eso está bien en Alemania o en Estados Unidos, pero no en Perú.» La Decidida estaba de acuerdo. «Con lo que no estoy de acuerdo es con que la señora no ponga nacimientos».

Alfredo Bryce Echenique,
Un mundo para Julius,
1970

1. *les nouveaux-venus (son frère et son ami Lester)*
2. *les plaintes*
3. *intervint*
4. *sur ce point*
5. *pour ressembler à la neige*
6. *on étouffe*

Fiestas de Navidad con manga corta.

1 ¿Qué esperaba Julius sentado en el comedor?

2 ¿Por qué piensa su madre que no tiene sentido poner árboles de Navidad en Perú?

3 Para ti, ¿cómo se debe celebrar la Navidad?

Niño mexicano feliz con sus dos piñatas.

¿Cómo hacer una piñata?

Necesitas: globos, papel maché, cola para papel pintado, pinturas, rotuladores.

1. Hincha los globos.
2. Corta tiras de papel maché de 5 cm de largo.
3. Ponles cola y pégalas al globo hasta cubrirlo casi completamente. Deja un orificio sin cubrir.
4. Déjalo secar.
5. Cuando esté seco, pincha el globo y sácalo con cuidado.
6. Llena la piñata con caramelos, juguetes pequeños, confetti ...
7. Decora la piñata con cartón, papeles de diferentes colores, etc., para darle la forma deseada.

En México, el 24 de diciembre, se organiza una fiesta donde se come, se bebe, se canta. Al final de la fiesta se rompe la piñata.

La piñata es un gran juguete de cartón que se pinta, se decora y se llena de dulces. El juego consiste en colgar la piñata y golpearla, con los ojos vendados, hasta que se rompe y cae lo que hay en su interior.

No quiero oro, ni quiero plata
yo lo que quiero es romper la piñata.
Dale, dale, dale, no pierdas el tino
porque si lo pierdes, pierdes el camino.

Dale, dale, dale y no le dio;
quítenle la venda, porque sigo yo.

Poesía popular

WWW

http://www.lanavidad.com.ar

¡Feliz Año Nuevo!

El autor del texto explica a su perro Troylo la costumbre de tomar doce uvas la noche del 31 de diciembre.

Ya sé que las uvas no te hacen mucha gracia. Nunca te he visto comer más de tres seguidas. Pero esta nochevieja, Troylo, tienes que tomar doce uvas mientras el reloj dé las campanadas[1].

Es muy fácil. Basta prestar un poco de atención. Es una superstición, como tantas otras que tenemos los hombres. Una sandez[2], lo sé. Y doce uvas de una vez son muchas uvas, de acuerdo. Pero hazlo, Troylo. Luego te doy turrón. O un alfajor[3] entero. Los hombres en España, pensamos que, si cumplimos[4] este rito, nos tratará bien el año que principia[5] … Que ya sé que es una sandez, Troylo, caramba[6] no insistas. Si te digo que esta nochevieja he decidido tomar las uvas con nuestros amigos, las tomamos y basta. La culpa es mía por darte tantas explicaciones.

Antonio Gala, *Charlas con Troylo*, 1998

1. *les coups de cloche*
2. *une sottise*
3. *petit gâteau de Noël*
4. *si nous respectons*
5. *commence*
6. *zut alors*

En Nochevieja, los madrileños reciben el año nuevo delante del reloj de la Puerta del Sol.

Participantes en el Maratón del 31 de diciembre. Algunos llevan disfraces.

La tradición de las uvas

Data de 1909, año en el que hubo una gran producción de uvas. Para venderlas se hizo correr la voz de que comer doce uvas en Nochevieja daba buena suerte. Así se vendieron gran cantidad de uvas y empezó una divertida tradición.

El día 31 de diciembre, día de San Silvestre, se celebra en España una carrera popular[1]; se realiza desde 1964. «La tradición data de hace 77 años, cuando se celebró la primera "San Silvestre" en São Paolo (Brasil). Los circuitos suelen ir de los 3 a los 10 kilómetros. El objetivo de estas carreras es despedir el año haciendo deporte y pasándolo bien[2]. Por eso, algunos participantes se disfrazan con motivos, sobre todo, navideños.»

Corricolari, *El corredor y su mundo*, diciembre 2001

1. *une course populaire*
2. *en s'amusant*

¡Llegan los Reyes!

Tía Paula ha bajado al huerto[1] a ver cómo crecen las acelgas[2] y se ha dejado las zapatillas[3] junto al brasero … Me ha recomendado que no las toque[4] … ¿Las dejaría por si venían los Reyes? Yo siempre las he dejado junto a la chimenea. Los Reyes no vienen por el día, ni cuando se quiere que vengan; tiene que ser el día 6 de enero. Eso lo sé yo muy bien.

Elena Fortún, *Celia y sus amigos*, 1995

1. *jardin potager*
2. *des bettes*
3. *les chaussons*
4. *de ne pas les toucher*

1 ¿Adónde ha ido tía Paula?
2 ¿Por qué cree Celia que su tía ha dejado las zapatillas junto al brasero?
3 ¿Qué día vienen los Reyes Magos?

Desfile de los Reyes Magos la noche del 5 de enero.

Venta de roscones en una pastelería de Madrid. Todos llevan dentro una sorpresa. El que la encuentra tiene que comprar otro.

Los Reyes Magos

En el mundo hispano, los Reyes Magos traen los regalos la noche del 5 de enero. Esa noche es costumbre dejar los zapatos o las zapatillas al pie del árbol, de la chimenea o de la ventana. También se dejan alimentos para los reyes y los camellos. El día siguiente, día de la Epifanía, es fiesta: se abren los regalos y se come el roscón de Reyes.
Con esta fiesta se quiere recordar la adoración de los Reyes Magos al Niño Jesús, que le ofrecieron oro, incienso y mirra como regalos.

1 ¿Quién lleva los regalos a los niños españoles?
2 ¿Conoces a otros personajes que lleven regalos en otros países? ¿Quiénes son?

WWW

http://reyesdejuanadiaz.com/

La Candelaria

En Puno (Perú) se celebra la fiesta de la Virgen de la Candelaria, entre el 24 de enero y el 18 de febrero. Es una fiesta donde se mezclan lo religioso y lo pagano. La «Mamacha Candelaria», «Mamita Canticha», «Mamá Candi», entre otros nombres populares, es la patrona de esta ciudad. Está asociada a la Pachamama (culto a la tierra), al lago Titicaca y al trueno[1]. Además simboliza la pureza y la fertilidad. En estos días todos bailan para la Virgen.

En los primeros días, los danzarines ensayan sus bailes. El uno de febrero comienza el rito a la Virgen, tienen lugar las misas y los fuegos artificiales. El dos de febrero, día de la Candelaria, la Mamacha es paseada[2] por la ciudad. Hay concursos de danza en los que los danzantes llevan trajes típicos. El domingo siguiente, llamado la Octava, las comparsas musicales compiten[3] en la Plaza de Armas. Unos tras otros bailan infatigablemente desde tempranas horas de la mañana[4] hasta las ocho de la noche: todos desean llevarse el premio[5]. La celebración continúa aún días después. Pueden verse hombres vestidos de «osos»[6] y mujeres vestidas de «ángeles», también «diablos». El final de la fiesta es el Cacharpari, que anuncia el inicio de los carnavales.

1 ¿Cuándo se celebran las fiestas de la Candelaria?

2 ¿Qué hacen en Puno en estas fiestas?

3 ¿Cómo se ve la mezcla de lo pagano y lo religioso?

4 ¿Cómo se celebra la Candelaria (*la Chandeleur*) en Francia?

1. *le tonnerre*
2. *est promenée*
3. *rivalisent*
4. *très tôt le matin*
5. *le prix*
6. *ours*

↑ *Danzas tradicionales con los trajes típicos peruanos.*

→ *Disfraces característicos de la fiesta de la Candelaria de Puno.*

¡Ven conmigo al carnaval!

Era martes de carnaval y el bullicio invadía las calles de Madrid. En la Plaza Mayor se habían dado cita cientos de personas disfrazadas dispuestas a disfrutar con la música de orquestas y charangas. Y mientras el pueblo se divertía en la calle, los palacetes se vestían de gala para recibir a los personajes de la alta sociedad. A una de estas fiestas acudió por primera vez un diplomático alemán. Escondía el cuerpo en un esmoquin de los que se usaban habitualmente en las recepciones oficiales, y disimulaba el rostro con un sencillo antifaz y un añadido postizo que hacía las veces de barba.

Un mago en la Corte, Juan Manuel Sánchez Vigil, 1998

1 ¿Quiénes participaban en las fiestas de Carnaval?

2 ¿Se divertían de la misma manera el pueblo y la alta sociedad?

3 ¿Cuáles son los elementos protagonistas de los Carnavales?

4 Imagina que asistes a una fiesta en un palacete, ¿de qué te gustaría disfrazarte?

Personas disfrazadas de animales durante los Carnavales de Barranquilla (Colombia).

Los Carnavales

Los Carnavales se celebran en febrero. Ya desde la antigüedad se decía que el uso de máscaras y la alegría de estas fiestas servía para ahuyentar a los malos espíritus. En España los carnavales más conocidos son los de Cádiz y los de Tenerife. En Hispanoamérica son famosos los de Veracruz, en México, y los de Barranquilla, en Colombia.

Los Carnavales de Barranquilla

Aparecen en el siglo XIX cuando la ciudad toma importancia como puerto marítimo. Reúnen las herencias culturales de las tres razas que se encontraron en América: africanos, españoles e indígenas. Uno de los bailes típicos, la Cumbia, integra estas tres culturas: el tambor representa a los africanos, la flauta a los indígenas y las faldas de las chicas, a los españoles.

WWW

http://www.carnavaldebarranquilla.org/tradicion.asp

Las fiestas del fuego

La falla es la fiesta popular por excelencia: una costumbre árabe transformada y mejorada[1] a través de los siglos hasta convertirse[2] en caricatura, en protesta. Primero, los moros[3], gozaban[4] en hacer grandes hogueras[5]; los cristianos adoptaron después esta costumbre; el número fue limitándose hasta quedar[6] las de San José, que hacían los carpinteros[7] para la fiesta de su patrón y la llegada del buen tiempo; hasta que el espíritu innovador hermoseó[8] la falla, dándole un aspecto artístico. Al principio las figuras representaron escenas de la vida privada pero después las fallas se convirtieron en burlas[9] al gobierno y caricaturas de la autoridad.

Vicente Blasco Ibañez, *Arroz y Tartana*, 1954

1. *améliorée*
2. *jusqu'à devenir*
3. *les arabes*
4. *prenaient plaisir à*
5. *feux de joie*
6. *garder*
7. *menuisiers*
8. *embellit*
9. *moqueries*

Las fallas
Fecha: semana del 12 al 19 de marzo
Lugar: Valencia
Curiosidades:
- Se construyen monumentos de cartón que se queman al finalizar las fiestas.
- Altura de una falla: entre 15 y 20 metros.
- Peso: entre 8 y 10 toneladas.
- «La nuit del foc» (la noche del fuego): fin de la fiesta. Se queman las fallas. Fuegos artificiales.
- Museo fallero: en él se guarda la falla que gana el concurso cada año y que se salva de las llamas.

Una monumental falla en las calles de Valencia.

1 ¿Verdadero o Falso?
- Las fallas son una fiesta de origen árabe.
- Al cristianizarse, los carpinteros la dedicaron a su patrón: San Juan.
- Al principio eran simples hogueras y actualmente son monumentos elaborados que se queman al finalizar la fiesta.

2 Con la ayuda de los documentos y de otras informaciones que encuentres, haz una redacción sobre esta fiesta. Puedes dibujar o realizar tú también «tu falla» y hacer un concurso en clase para elegir la ganadora.

WWW

http://www.falles-i-festa.com/

Tatá-Yehasa o «cruce de las brasas»

En algunas poblaciones de Argentina la noche de San Juan tiene un nombre especial: Tatá-Yehasa o «cruce de las brasas».
Llegada la medianoche del 24 de junio, se prepara la fiesta: se desparraman los tizones[1] de tal manera que formen una «cama de brasas» de cuatro a cinco metros de extensión. Entonces comienza el desfile: las personas cruzan descalzas las brasas[2]. El secreto del éxito, para no quemarse, dicen que está en que no quede[3] aire entre el pie y la brasa; así no hay combustión, pues ésta requiere el oxígeno del aire. Dirige la ceremonia un «bastonero» que prepara la madera, enciende la hoguera y reza oraciones[4]... La primera oración del bastonero es secreta. Luego pide un «viva» al señor San Juan.
Otra costumbre para esta fiesta consiste en escribir en papeles los nombres de los jóvenes y las mujeres casaderos[5] y colocarlos en bolsos[6] separados. El día 24, a media mañana, se saca uno de cada bolso y así se conforman las parejas. Ya para los romanos el mes de junio era el preferido para las bodas.

Jesús Callejo, *Fiestas sagradas*, 1999

1. *les braises*
2. *traversent pied nu les braises*
3. *consiste à ne pas laisser*
4. *fait des prières*
5. *en âge d'être mariés*
6. *sacs*

1 ¿Cómo se llama la noche de San Juan en algunas poblaciones de Argentina?

2 Haz un resumen de lo que se hace en esta fiesta.

3 ¿Cuál es el secreto para no quemarse al atravesar «la cama de brasas»?

La noche de San Juan

Los pueblos paganos celebraban, la noche del 23 al 24 de junio, el solsticio de verano con un homenaje al sol. Celtas, griegos y romanos encendían hogueras, dedicadas a diferentes dioses, y las saltaban. Después estas fiestas tomaron carácter religioso y se dedican a San Juan porque se supone que nació[1] por estas fechas. Dicen que su padre encendió hogueras para anunciar la noticia[2]. Actualmente, además de saltar o pisar las hogueras, es costumbre arrojar[3] muebles o cosas viejas. Esto simboliza poner fin a todos los males pasados y futuros ya que el fuego purifica.

1. *qu' il est né*
2. *la nouvelle*
3. *jeter*

Una hoguera de San Juan en un pueblo del norte de España.

¿Has asistido alguna vez a la noche de San Juan? ¿Dónde?

WWW

http://www.iespana.es/lafesta

¡Vamos de Romería!

Varias personas a caballo se acercan a la iglesia de Nuestra Señora del Rocío.

El Rocío (Huelva) es un grupo de casas levantadas para alojarse[1] durante la famosa romería que lleva su mismo nombre. La romería se celebra en Pentecostés, que fluctúa entre el 10 de mayo y el 13 de junio. Vienen hermandades[2] de Huelva, de Sevilla, de Cádiz y de otras provincias de España. Cada una por un camino diferente. Se viaja principalmente en carretas[3], aunque también se puede hacer el viaje a caballo, andando o en coche.
Lo primero que se hace al llegar es gritar: ¡Viva la Virgen del Rocío!, ¡Viva la Blanca Paloma!, ¡Viva la reina de las Marismas! Después, cada hermandad se dirige a «su casa», un edificio con capilla y campanario donde pasarán estos días. Constantemente se bebe vino, se cantan y se bailan sevillanas y se reza el rosario. Se visita la ermita y se ve a la Virgen. El domingo, a las diez, se celebra la misa. Después bailes, fiesta, vino, cantes ... La madrugada del lunes de Pentecostés sacan a la Virgen para que visite todas las hermandades. Finalmente los romeros vuelven a sus lugares de origen y el pueblecito del Rocío queda casi desierto.

D'après *La guía del trotamundos, Andalucía*, 1994

Niñas cantando sevillanas dentro de un carro lleno de flores.

1. *construites pour se loger*
2. *des associations qui font le pèlerinage (confréries)*
3. *charrettes*

Yo iba de peregrina
y me cogiste de la mano.
Me preguntaste el nombre,
me subiste a caballo.
Fuimos contando las flores
que salen nuevas en mayo
y me di cuenta enseguida que
estabas enamorado...

Estribillo
Cántame, me dijiste cántame
cántame por el camino.
Y agarrá a tu cintura te canté
a la sombra de los pinos.

Cántame, sevillana cantada por María del Monte. Compuesta por Rafael Serna Bono

1. ¿Qué es el Rocío?
2. ¿Cuándo se celebra esta fiesta?
3. ¿Qué hacen las personas durante esta fiesta?
4. ¿Qué elementos religiosos y paganos se mezclan en esta romería?

WWW

htpp://rocio.andal.es

Los castellers: castillos humanos

En las provincias de Tarragona y Barcelona, tienen gran expectación los castellers, individuos de diferente peso[1], altura[2] y edad que forman impresionantes torres humanas : llegan[3] a tener una altura de ocho o nueve pisos[4]. Los hombres más robustos forman el círculo inferior y, a medida que se va ascendiendo[5], los castellers son más delgados. Los pisos superiores suelen estar formados por adolescentes y niños. Para evitar que estas fenomenales torres humanas se desmoronen[6], los asistentes al espectáculo forman una piña en la parte inferior.

D'après *La guía del trotamundos, Cataluña*, 1997

1. *poids*
2. *taille*
3. *elles arrivent à atteindre*
4. *étages*
5. *à mesure qu'on monte*
6. *s'écroulent*

Torre humana de siete pisos.

Hombres
sobre hombros
de otros hombres;
hombres
con hombros
para otros
hombres;
hombros
hombres
hombros ...
torres.
Un día ya no habrá
estrellas lejanas
ni perdidos
horizontes.

Pura Vázquez, *Libro de Primavera*, 2000

1 ¿Qué piensas de esta fiesta?
2 ¿Conoces otra fiesta similar en la que las personas arriesguen su vida?

Cuatro hombres colgados por los pies el día del Volador en Paplanta

Los Voladores
En Paplanta, México, El jueves de Corpus Christi (fiesta variable entre mayo y junio) es el Día del Volador. Los voladores, en una impresionante danza, desafían a la gravedad para saludar al padre sol y solicitar la llegada de las lluvias. Disfrazados de aves vuelan cabeza abajo[1] con los brazos abiertos. Están colgados por los pies[2] con cuerdas sujetas a un palo[3]. Dan trece vueltas hasta llegar al suelo[4]. La rotación simboliza el movimiento de los astros, en especial del sol.

1. *la tête en bas*
2. *ils sont suspendus par les pieds*
3. *accrochées à un mât*
4. *ils font treize tours avant d'arriver au sol*

1 ¿A quién está dedicada esta fiesta?
2 ¿Cuántas personas participan?

A

abrazar, v. serrer dans ses bras
abrigo, n. m. manteau
abuela, n. f. grand-mère
abuelo, n. m. grand-père
aburrirse, v. s'ennuyer
aceite, n. m. huile
acelga, n. f. bette
acordarse, v. se rappeler, se souvenir
adornar, v. décorer
adorno, n. m. décoration
agua, n. f. eau
ajo, n. m. ail
alegre, adj. gai,e
alga, n. f. algue
algo, pron. ind. quelque chose
altar, n. m. autel
alto,a, adj. grand,e ; haut,e
alucinar, v. halluciner
alud, n. m. avalanche
amanecer, v. se lever (le jour)
ambiente, n. m. ambiance
amigo,a, n. m./f. ami,e
andar, v. marcher
año, n. m. an, année
anzuelo, n. m. hameçon
apellido, n. m. nom de famille
aprender, v. apprendre
aprobar, v. réussir (un examen), approuver
arquitectura, n. f. architecture
atar, v. attacher
aula, n. f. salle de classe
ave, n. f. oiseau
ayer, adv. hier
azúcar, n. m./f. sucre
azul, adj. bleu,e

B

baile, n. m. danse, bal
bajo,a, adj. petit,e
balcón, n. m. balcon
bañarse, v. se baigner
bandera, n. f. drapeau
barato,a, adj. bon marché
barbilla, n. f. menton
barrio, n. m. quartier
bastonazo, n. m. coup de bâton
bebida, n. f. boisson
belén, n. m. crèche
berenjena, n. f. aubergine
beso, n. m. baiser
boca, n. f. bouche
bocadillo, n. m. sandwich
boda, n. f. mariage
bolígrafo, n. m. stylo à bille
bolsillo, n. m. poche
bonito,a, adj. joli,e
brasa, n. f. braise
bruja, n. f. sorcière
buscar, v. chercher

C

cabalgata, n. f. défilé
caballero, n. m. chevalier, monsieur
caballete, n. m. chevalet
caballo, n. m. cheval
cabello, n. m. cheveux (lit.)
caliente, adj. chaud,e
callarse, v. se taire
calle, n. f. rue
calor, n.m. chaleur
cama, n. f. lit
caminar, v. marcher
camisa, n. f. chemise
campanada, n. f. coup de cloche
campo, n. m. campagne
canción, n. f. chanson
cantar, v. chanter
capaz, adj. capable
caracol, n. m. escargot
caricia, n. f. caresse
carné de identidad, n. m. carte d'identité
carpintero, n. m. charpentier, menuisier
carreta, n. f. charrette
carta, n.f. lettre
cartera, n. f. portefeuille ; cartable
casa, n. f. maison
casarse, v. se marier
cascarrabias, n. m/f. grincheux, euse
castaña, n. f. châtaigne, marron
castillo, n. m. château
chicle, n. m. chewing-gum
chincheta, n. f. punaise
cinturón, n. m. ceinture
circo, n. m. cirque
cita, n. f. rendez-vous
ciudad, n. f. ville
clavar, v. clouer
coche, n. m. voiture
cocina, n. f. cuisine
col, n. f. chou
coleta, n. f. couette
collar, n. m. collier
comedor, n.m. salle à manger
comer, v. manger, déjeuner
comida, n. f. nourriture, repas, déjeuner
compartir, v. partager
comprar, v. acheter
comprender, v. comprendre
conocer, v. connaître
conseguir, v. obtenir
convertir, v. changer, transformer
copa, n. f. coupe, verre à pied
corazón, n. m. cœur
corcho, n. m. liège ; bouchon
Correos, n. m. La Poste
correr, v. courir
costumbre, n. f. habitude
cuaderno, n. m. cahier
cuarto,a, adj. quatrième
cuchara, n. f. cuiller
cuchillo, n. m. couteau
cuerda, n. f. corde

D

decir, v. dire
delgado,a, adj. mince
deprisa, adv. vite
derecho,a, adj. droit/e
descubrimiento, n. m. découverte
desecho, n. m. déchet
desgraciado,a, adj. malheureux, euse
despacho, n. m. bureau
despacio, adv. lentement
despedirse, v. prendre congé
despertarse, v. se réveiller
despido, n. m. renvoi, licenciement
desterrar, v. exiler
dinero, n. m. argent
disfraz, n. m. déguisement
disfrazarse, v. se déguiser
divertirse, v. s'amuser
dormitorio, n. m. chambre
durante, adv/prep. pendant

E

ejército, n. m. armée
elegir, v. choisir

empujar, v. pousser
enamorado,a, adj. amoureux,euse
encontrar, v. trouver
enfadarse, v. se fâcher
entonces, adv. alors
entrevista, n. f. entretien
equipaje, n. m. bagages
ermita, n. f. ermitage
escolta, n. f. escorte
escuela, n. f. école
espejo, n. m. miroir
esperanza, n. f. espoir
esperar, v. attendre, espérer
esquiar, v. skier
estrella, n. f. étoile

F

fábrica, n. f. usine
falda, n. f. jupe
familia, n. f. famille
filete, n. m. bifteck
firmar, v. signer
frío, n. m. froid
frío,a, adj. froid,e
fuego, n. m. feu

G

gafas, n. f. pl. lunettes
gallina, n. f. poule
ganado, n. m. bétail
gatear, v. marcher à quatre pattes
gato, n. m. chat
girar, v. tourner
gordo,a, adj. gros, grosse
gracioso,a, adj. drôle, amusant,e
gris, adj. gris,e
gritar, v. crier
guante, n. m. gant
guardaespaldas, n. m. garde du corps
guardia, n. m. garde
gusano, n. m. ver

H

habitación, n. f. chambre, pièce
hambre, n. f. faim
hermano,a, n. m./f. frère, sœur
hijo,a, n. m./f. fils, fille
hilo, n. m. fil
hoguera, n. f. bûcher, feu de joie
hoja, n. f. feuille
hondo,a, adj. profond,e
horario, n. m. emploi du temps
hoy, adv. aujourd'hui
hueco, n. m. trou
huerto, n. m. jardin potager
hueso, n. m. os
hundimiento, n. m. effondrement (bâteau)

I

idioma, n. m. langue
informe, n. m. rapport
instalarse, v. s'installer
invierno, n. m. hiver
ir, v. aller
izquierdo,a, adj. gauche

J

jarro, n. m. pichet
jersey, n. m. pull
jugar, v. jouer
juntos,as adj. ensemble

L

lanza, n. f. lance
lápiz, n. m. crayon papier
lengua, n. f. langue
leyenda, n. f. légende
limpio,a, adj. propre
lucha, n. f. lutte
luego, adv. ensuite, après
lugar, n. m. lieu
luna, n. f. lune
luz, n. f. lumière

LL

llama, n. f. flamme
llamarse, v. s'appeler
llegar, v. arriver
llevar razón, v. avoir raison
llorar, v. pleurer
llover, v. pleuvoir
lluvia, n. f. pluie

M

madre, n. f. mère
maleante, n. m. malfaiteur
maleta, n. f. valise
mañana, adv. demain
mañana, n. f. matin ;
por la mañana, le matin
mano, n. f. main
mantequilla, n. f. beurre
mar, n. m. mer
marcharse, v. s'en aller
mejor, adj. meilleur,e
mellizo,a, n. jumeau, jumelle
mercado, n. m. marché
mesa, n. f. table
mezclar, v. mélanger
mientras, adv/conj. pendant
mimbre, n. m. osier
mirar, v. regarder
molino, n. m. moulin
mono, n. m. singe
montaña, n. f. montagne
moreno,a adj. brun,e
mosca, n. f. mouche
mosquearse, v. se fâcher
mujer, n. f. femme
muñeca, n. f. poupée, poignet

N

nadar, v. nager
naturaleza, n. f. nature
nevar, v. neiger
nieto,a, n. m./f. petit-fils, petite-fille
nieve, n. f. neige
noche, n.f. nuit
nombre, n. m. prénom
novela, n. f. roman
novio,a, n. m./f. fiancé,e
número, n. m. nombre, numéro

O

obras, n. f. pl. travaux
océano, n. m. océan
ojo, n.m. œil
óleo, n. m. peinture à l'huile
olvidar, v. oublier
otoño, n. m. automne

P

padre, n. m. père
país, n. m. pays
palo, n. m. bâton
palomitas, n. f. pl. pop-corn

paraíso, n. m. paradis
pareja, n. f. couple
parque, n. m. parc
paseo, n. m. promenade
pasillo, n. m. couloir
patentar, v. breveter
película, n. f. film
pelo, n. m. cheveux (langage courant)
pendiente, n. m. boucle d'oreille
pepino, n. m. concombre
pequeño,a, adj. petit,e
peregrinaje, n. m. pèlerinage
perro, n. m. chien
pescar, n. m. pêcher
pez, n. m. poisson
picar, v. mordre (pour la pêche)
pie, n. m. pied
pimiento, n. m. poivron
piso, n. m. étage, appartement
placer, n. m. plaisir
plano, n. m. plan
playa, n. f. plage
plaza, n. f. place
plazo, n. m. délai
población, n. f. population
poder, v. pouvoir
pollo, n. m. poulet
pólvora, n. f. poudre
pomelo, n. m. pamplemousse
poner, v. mettre
porvenir, n. m. avenir
postal, n. f. carte postale
potencia, n. f. puissance
premio, n. m. prix
primavera, n. f. printemps
primo,a, n. m./f. cousin, cousine
probador, n. m. cabine d'essayage
probar, v. goûter
probarse, v. essayer
próximo,a, adj. proche ; prochain,e
puerta, n. f. porte
puesto, n. m. stand
pulsar, v. appuyer sur (la sonnette)
pulsera, n. f. bracelet

Q

quedar (con), v. avoir rendez-vous
quedarse, v. rester
quemar, v. brûler
querer, v. vouloir, aimer qqn
queso, n. m. fromage

R

rancio,a adj. rance
recordar, v. se souvenir
recto,a, adj. droit,e
regaliz, n. m. réglisse
reloj, n. m. montre, horloge
remontar, v. remonter
rico,a, adj. riche ; bon, bonne (nourriture)
riesgo, n. m. risque
río, n. m. rivière, fleuve
robar, v. voler
roca, n. f. roche
ropa, n. f. vêtements
rubio,a, adj. blond,e

S

sabor, n. m. saveur, goût
sal, n. f. sel
salir, v. sortir
salón, n. m. salle de séjour
saltar, v. sauter
salud, n. f. santé
saludar, v. saluer
sed, n. f. soif
seguir, v. suivre, continuer
semana, n. f. semaine
ser, v. être
seta, n. f. champignon
silla, n. f. chaise
sitio, n. m. lieu
sol, n. m. soleil
soler, v. avoir l'habitude de
sonreír, v. sourire
sonrisa, n. f. sourire
sorbo, n. m. gorgée
sucio,a, adj. sale
suelo, n. m. sol
sueño, n. m. rêve
suerte, n. f. chance

T

tachar, v. rayer
taladradora, n. f. perceuse
taller, n. m. atelier
también, adv. aussi
tampoco, adv. non plus
tardar, v. mettre du temps à
tarde, n. f. après-midi, soir
tebeo, n. m. bande dessinée
tejado, n. m. toit
temporada, n. f. saison
tenedor, n. m. fourchette
tener, v. avoir
terciopelo, n. m. velours
terraza, n. f. terrasse
tibio,a, adj. tiède
tienda, n. f. magasin, boutique
tierno,a, adj. tendre
timbre, n. m. sonnette
tío,a, n. m./f. oncle, tante
tocar (un instrumento), v. jouer (d'un instrument)
tonto,a, adj. bête, stupide
torcer, v. tourner
tormenta, n. f. tempête
torre, n. f. tour
traer, v. amener, apporter
traje, n. m. costume
trampa, n. f. piège
tratar, v. essayer
tristeza, n. f. tristesse
turrón, n. m. nougat

U

último,a, adj. dernier,ère
uva, n. f. raisin

V

valle, n. m. vallée
varón, n. m. homme
vaso, n. m. verre
vecino, n.m voisin
vela, n. f. bougie
ventana, n. f. fenêtre
verano, n. m. été
vez, n. f. fois
viajar, v. voyager
viaje, n. m. voyage
villancico, n. m. chant de Noël
vivienda, n. f. logement
vivir, v. vivre, habiter
voz, n. f. voix

Z

zambullirse, v. plonger, se baigner
zapatillas, n. f. chaussons, chaussures (de sport)
zapatos, n. m. chaussures

A

acheter, comprar, v.
ail, ajo, n. m.
aimer qqn, querer, v.
algue, alga, n. f.
aller, ir, v.
alors, entonces, adv.
ambiance, ambiente, n. m.
amener, traer, v.
ami,e, amigo,a, n. m./f.
amoureux, euse, enamorado, a, adj.
amusant,e, gracioso,a, adj.
an, año, n.m.
année, año, n.m.
appartement, piso, n. m.
apporter, traer, v.
apprendre, aprender, v.
approuver, aprobar, v.
appuyer sur, pulsar, v.
après, luego, adv.
après-midi, tarde, n. f.
architecture, arquitectura, n. f.
argent, dinero, n. m.
armée, ejército, n. m.
arriver, llegar, v.
atelier, taller, n. m.
attacher, atar, v.
attendre, esperar, v.
aubergine, berenjena, n. f.
aujourd'hui, hoy, adv.
aussi, también, adv.
autel, altar, n. m.
automne, otoño, n. m.
avalanche, alud, n. m.
avenir, porvenir, n. m.
avoir l'habitude, soler, v.
avoir raison, llevar razón, v.
avoir, tener, v.

B

bagages, equipaje, n. m.
baiser, beso, n.m.
bal, baile, n. m.
bande dessinée, tebeo, n. m.
bâton, palo, n. m.
bétail, ganado, n. m.
bette, acelga, n. f.
beurre, mantequilla, n. f.
bifteck, filete, n. m.
bleu,e azul, adj.
blond,e, rubio,a, adj.
boisson, bebida, n. f.
bon marché, barato,a, adj.
bouche, boca, n. f.
boucle d'oreille, pendiente, n. m.
bougie, vela, n. f.
bouchon de liège, corcho, n. m.
boutique, tienda, n. f.
bracelet, pulsera, n. f.
braise, brasa, n. f.
breveter, patentar, v.
brûler, quemar, v.
brun,e, moreno,a, adj.
bûcher, hoguera, n. f.
bureau, despacho, n. m.

C

cabine d'essayage, probador, n.m.
cahier, cuaderno, n. m.
campagne, campo, n. m.
capable, capaz, adj.
caresse, caricia, n. f.
carte d'identité, carné de identidad, n. m.
carte postale, postal, n. f.
ceinture, cinturón, n. m.
chaise, silla, n. f.
chaleur, calor, n. m.
chambre, cuarto, dormitorio, n. m.
chambre, habitación, n. f.
champignon, seta, n. f.
chance, suerte, n. f.
changer, convertir, v.
chant de Noël, villancico, n. m.
chanson, canción, n. f.
chanter, cantar, v.
charpentier, carpintero, n. m.
charrette, carreta, n. f.
chat, gato, n. m.
châtaigne, castaña, n. f.
château, castillo, n. m.
chaud,e, caliente, adj.
chaussons, zapatillas, n. f. pl.
chaussure, zapato, n. m.
chemise, camisa, n. f.
chercher, buscar, v.
cheval, caballo, n. m.
chevalet, caballete, n. m.
chevalier, caballero, n. m.
cheveux, pelo, n. m. (langage courant) ; cabello, n. m. (lit.)
chewing-gum, chicle, n. m.
chien,ne, perro,a, n. m/f.
choisir, elegir, v.
chou, col, n. f.
cirque, circo, n. m.
clouer, clavar, v.
cœur, corazón, n. m.
collier, collar, n. m.
concombre, pepino, n. m.
comprendre, comprender, v.
connaître, conocer, v.
continuer, seguir, v.
corde, cuerda, n. f.
costume, traje, n. m.
couette, coleta, n. f.
couloir, pasillo, n. m.
coup de bâton, bastonazo, n. m.
coup de cloche, campanada, n. f.
couple, pareja, n. f.
courir, correr, v.
cousin,e, primo,a, n. m./f.
couteau, cuchillo, n. m.
crayon, lápiz, n. m.
crèche, belén, n. m.
crier, gritar, v.
cuiller, cuchara, n. f.
cuisine, cocina, n. f.

D

danse, baile, n. m.
dater, remontar, v.
déchet, desecho, n. m.
décider, decidir, v.
décoration, adorno, n. m.
décorer, adornar, v.
découverte, descubrimiento, n. m.
défilé, cabalgata, n. f.
déguisement, disfraz, n. m.
déjeuner, comida, n. f.
délai, plazo, n.m.
demain, mañana, adv.
dernier,ère, último,a, adj.
drapeau, bandera, n. f.
droit,e, derecho,a, adj.
droit,e, recto,a, adj.
drôle, gracioso,a, adj.

E

eau, agua, n. f.
école, escuela, n. f.
effondrement, hundimiento, n. m.
emploi du temps, horario, n. m.
ensemble, juntos, adj.

entretien, entrevista, n. f.
ermitage, ermita, n. f.
escargot, caracol, n. m.
escorte, escolta, n. f.
espérer, esperar, v.
espoir, esperanza, n. f.
essayer, probarse, tratar, v.
étage, piso, n. m.
étal, puesto, n. m.
été, verano, n. m.
étoile, estrella, n. f.
être, ser, v.
exiler, desterrar, v.

F

faim, hambre, n. f.
faire jour, amanecer, v.
famille, familia, n. f.
femme, mujer, n. f.
fenêtre, ventana, n. f.
feu, fuego, n. m.
feuille, hoja, n. f.
fiancé,e, novio,a, n.m./f.
fil, hilo, n. m.
film, película, n. f.
fils, fille, hijo,a, n.m./f.
flamme, llama, n. f.
fois, vez , n. f.
fourchette, tenedor, n. m.
frère, hermano, n. m.
froid, frío, n. m.
froid,e, frío,a, adj.
fromage, queso, n. m.

G

gai,e, alegre, adj.
gant, guante, n. m.
garde du corps, guardaespaldas, n. m.
garde, guardia, n. m
gauche, izquierdo,a, adj.
gorgée, sorbo, n. m.
goûter, probar, v.
grand, e, alto,a, adj.
grand-mère, abuela, n. f.
grand-père, abuelo, n. m
grincheux,euse, cascarrabias, n. m./f.
gris,e, gris, adj.
gros, grosse, gordo,a, adj.

H

habiter, vivir, v.
habitude, costumbre, n. f.
halluciner, alucinar, v.
hameçon, anzuelo, n. m.
haut,e, alto,a, adj.
hier, ayer, adv.
hiver, invierno, n. m.
homme, varón, n. m.
horloge, reloj, n. m.
huile, aceite, óleo, n. m.

J

jardin potager, huerto, n. m.
joli,e, bonito,a, adj.
jouer (d'un instrument), tocar (un instrumento), v.
jouer, jugar, v.
jumeau, mellizos, n. m. pl.
jumelle, mellizas, n. f. pl.
jupe, falda, n. f.

L

La Poste, Correos, n. m.
lance, lanza, n. f.
langue, idioma, n. m. ; lengua, n. f.
légende, leyenda, n. f.
lentement, despacio, adv.
lettre, carta, n. f.
licenciement, despido, n.m.
lieu, lugar, sitio, n. m.
lit, cama, n. f.
logement, vivienda, n. f.
lumière, luz, n. f.
lune, luna, n. f.
lunettes, gafas, n. f. pl.
lutte, lucha, n. f.

M

magasin, tienda, n. f.
main, mano, n. f.
maison, casa, n. f.
malfaiteur, maleante, n. m.
malheureux,euse, desgraciado,a, adj.
manger, comer, v.
manteau, abrigo, n. m.
marché, mercado, n. m.
marcher à quatre pattes, gatear, v.
marcher, andar, caminar, v.
mariage, boda, n. f.
marron, castaña, n. f.
matin, mañana, n. f.
meilleur,e, mejor, adj.
mélanger, mezclar, v.
menton, barbilla, n. f.
mer, mar, n. m
mère, madre, n. f.
mettre longtemps, tardar, v.
mettre, poner, v.
mince, delgado,a, adj.
miroir, espejo, n. m.
montagne, montaña, n. f.
montre, reloj, n. m
mordre, picar, v.
mouche, mosca, n. f.
moulin, molino, n. m.

N

nager, nadar, v.
neige, nieve, n. f.
neiger, nevar, v.
nom de famille, apellido, n. m.
nombre, número, n. m.
non plus, tampoco, adv.
nougat, turrón, n. m.
nourriture, comida, n. f.
nuit, noche, n. f.
numéro, número, n. m.

O

obtenir, conseguir, v.
océan, océano, n. m.
œil, ojo, n. m
oiseau, ave, n. f.
oncle, tío, n. m
os, hueso, n. m.
osier, mimbre, n. m.
oublier, olvidar, v.

P

pamplemousse, pomelo, n. m.
paradis, paraíso, n. m.
parc, parque, n. m.
partager, compartir, v.
pays, país, n. m.
pêcher, pescar, v.
peinture à l'huile, óleo, n. m.
pèlerinage, peregrinaje, n. m.
pendant, durante, adv/prep.

pendant, mientras, adv/conj.
perceuse, taladradora, n. f.
père, padre, n. m
petit,e, bajo,a, adj.
petit,e, pequeño,a, adj.
petite-fille, nieta, n. f.
petit-fils, nieto, n. m
pichet, jarro, n. m.
pièce, habitación, n. f.
pied, pie, n. m
place, plaza, n. f.
plage, playa, n. f.
plaisir, placer, n. m.
plan, plano, n. m.
pleurer, llorar, v.
pleuvoir, llover, v.
plonger, zambullirse, v.
pluie, lluvia, n. f.
poche, bolsillo, n. m.
poignet, muñeca, n. f.
poisson, pez, n. m.
poivron, pimiento, n. m.
pop-corn, palomitas, n. f. pl.
population, población, n. f.
portefeuille, cartera, n. f.
porte, puerta, n. f.
poudre, pólvora, n. f.
poule, gallina, n. f.
poulet, pollo, n. m.
poupée, muñeca, n. f.
pousser, empujar, v.
pouvoir, poder, v.
prendre congé, despedirse, v.
prendre rendez-vous, quedar, v.
prénom, nombre, n. m.
printemps, primavera, n. f.
prix, premio, n. m.
proche, próximo,a, adj.
profond,e, hondo,a, adj.
promenade, paseo, n. m.
propre, limpio,a, adj.
puissance, potencia, n. f.
pull, jersey, n. m.
punaise, chincheta, n. f.

Q

quartier, barrio, n. m
quelque chose, algo, pron. ind.

R

raisin, uva, n. f.
rance, rancio,a, adj.
rapport, informe, n. m.
rayer, tachar, v.
regarder, mirar, v.
réglisse, regaliz, n. m.
rendez-vous, cita, n. f.
renvoi, despido, n. m.
repas, comida, n. f.
rester, quedarse, v.
réussir (un examen), aprobar, v.
riche, rico,a, adj.
risque, riesgo, n. m.
rivière, río, n. m.
roche, roca, n. f.
roman, novela, n. f.
rue, calle, n. f.

S

s'amuser, divertirse, v.
s'appeler, llamarse, v.
s'en aller, marcharse, v.
s'ennuyer, aburrirse, v.
s'installer, instalarse, v.
saison, temporada, n. f.
sale, sucio,a, adj.
salle à manger, comedor, n. m
salle de classe, aula, n. f.
salle de séjour, salón, n. m
saluer, saludar, v.
sandwich, sandwich, bocadillo, n. m.
santé, salud, n. f.
sauter, saltar, v.
saveur, sabor, n. m.
se baigner, bañarse, zambullirse, v.
se déguiser, disfrazarse, v.
se fâcher, enfadarse, mosquearse, v.
se marier, casarse, v.
se rappeler, acordarse, v.
se réveiller, despertarse, v.
se souvenir, acordarse, recordar, v.
se taire, callarse, v.
sel, sal, n. f.
semaine, semana, n. f.
serrer dans ses bras, abrazar, v.
signer, firmar, v.
singe, mono, n.m./f.
skier, esquiar, v.
sœur, hermana, n. f.
soif, sed, n. f.
soir, tarde, n. f.
sol, suelo, n. m.
soleil, sol, n. m.
sonnette, timbre, n. m
sorcière, bruja, n. f.
sortir, salir, v.
sot, sotte, tonto,a, adj.
sourire, sonreír, v.
sourire, sonrisa, n. f.
stylo à bille, bolígrafo, n. m.
sucre, azúcar, n. f.
suivre, seguir, v.

T

table, mesa, n. f.
tante, tía, n. f.
tempête, tormenta, n. f.
tendre, tierno,a, adj.
terrasse, terraza, n. f.
tiède, tibio,a, adj.
toit, tejado, n. m
tour, torre, n. f.
tourner, girar, torcer, v.
transformer, convertir, v.
tristesse, tristeza, n. f.
trou, hueco, n. m.
trouver, encontrar, v.

U

usine, fábrica, n. f.

V

valise, maleta, n. f.
vallée, valle, n. m.
velours, terciopelo, n. m.
ver, gusano, n. m.
verger, huerto, n. m.
verre à pied, copa, n. f.
verre, vaso, n. m.
vêtements, ropa, n. f.
ville, ciudad, n. f.
vite, deprisa, adv.
vivre, vivir, v.
voiture, coche, n. m
voix, voz, n. f.
voler, robar, v.
vouloir, querer, v.
voyage, viaje, n. m.
voyager, viajar, v.

Infinitivo *(infinitif)*	Presente de indicativo *(indicatif présent)*	Presente de subjuntivo *(subjonctif présent)*	Imperativo *(impératif)*	Pretérito imperfecto de indicativo *(indicatif imparfait)*
LES VERBES RÉGULIERS				
HABLAR *parler*	hablo hablamos hablas habláis habla hablan	hable hablemos hables habléis hable hablen	habla hablad	hablaba hablábamos hablabas hablabais hablaba hablaban
APRENDER *apprendre*	aprendo aprendemos aprendes aprendéis aprende aprenden	aprenda aprendamos aprendas aprendáis aprenda aprendan	aprende aprended	aprendía aprendíamos aprendías aprendíais aprendía aprendían
VIVIR *vivre*	vivo vivimos vives vivís vive viven	viva vivamos vivas viváis viva vivan	vive vivid	vivía vivíamos vivías vivíais vivía vivían
LES VERBES À DIPHTONGUE E → IE O → UE				
PENSAR *penser*	pienso pensamos piensas pensáis piensa piensan	piense pensemos pienses penséis piense piensen	piensa pensad	pensaba pensábamos pensabas pensabais pensaba pensaban
ENTENDER *comprendre*	entiendo entendemos entiendes entendéis entiende entienden	entienda entendamos entiendas entendáis entienda entiendan	entiende entended	entendía entendíamos entendías entendíais entendía entendían
CONTAR *raconter*	cuento contamos cuentas contáis cuenta cuentan	cuente contemos cuentes contéis cuente cuenten	cuenta contad	contaba contábamos contabas contabais contaba contaban
MOVER *bouger*	muevo movemos mueves movéis mueve mueven	mueva movamos muevas mováis mueva muevan	mueve moved	movía movíamos movías movíais movía movían
LES VERBES À AFFAIBLISSEMENT E → I				
PEDIR *demander*	pido pedimos pides pedís pide piden	pida pidamos pidas pidáis pida pidan	pide pedid	pedía pedíamos pedías pedíais pedía pedían
Même modèle pour : seguir, corregir, despedir, elegir, impedir, medir, servir, vestir.				
LES VERBES À ALTERNANCE E → IE ET I O → UE ET U				
SENTIR *sentir, ressentir*	siento sentimos sientes sentís siente sienten	sienta sintamos sientas sintáis sienta sientan	siente sentid	sentía sentíamos sentías sentíais sentía sentían
Même modèle pour : divertir, mentir, preferir, sugerir.				
DORMIR *dormir*	duermo dormimos duermes dormís duerme duermen	duerma durmamos duermas durmáis duerma duerman	duerme dormid	dormía dormíamos dormías dormíais dormía dormían
Même modèle pour : morir.				
LES VERBES EN -ACER / -ECER / -OCER / -UCIR, TYPE CONOCER C → ZC				
CONOCER *connaître*	conozco conocemos conoces conocéis conoce conocen	conozca conozcamos conozcas conozcáis conozca conozcan	conoce conoced	conocía conocíamos conocías conocíais conocía conocían
Même modèle pour : nacer, obedecer, padecer, parecer, pertenecer, relucir.				
LES VERBES EN -DUCIR, TYPE CONDUCIR C → ZC C → J				
CONDUCIR *conduire*	conduzco conducimos conduces conducís conduce conducen	conduzca conduzcamos conduzcas conduzcáis conduzca conduzcan	conduce conducid	conducía conducíamos conducías conducíais conducía conducían
Même modèle pour deducir, introducir, producir, traducir, seducir.				

Pretérito indefinido *(passé simple)*		Pretérito imperfecto de subjuntivo *(subjonctif imparfait)*		Futuro *(futur)*		Condicional *(conditionnel)*		Gerundio Participio pasivo *(participe passé)*
hablé hablaste habló	hablamos hablasteis hablaron	hablara hablaras hablara	habláramos hablarais hablaran	hablaré hablarás hablará	hablaremos hablaréis hablarán	hablaría hablarías hablaría	hablaríamos hablaríais hablarían	g. hablando p. p. hablado
aprendí aprendiste aprendió	aprendimos aprendisteis aprendieron	aprendiera aprendieras aprendiera	aprendiéramos aprendierais aprendieran	aprenderé aprenderás aprenderá	aprenderemos aprenderéis aprenderán	aprendería aprenderías aprendería	aprenderíamos aprenderíais aprenderían	g. aprendiendo p. p. aprendido
viví viviste vivió	vivimos vivisteis vivieron	viviera vivieras viviera	viviéramos vivierais vivieran	viviré vivirás vivirá	viviremos viviréis vivirán	viviría vivirías viviría	viviríamos viviríais vivirían	g. viviendo p. p. vivido
pensé pensaste pensó	pensamos pensasteis pensaron	pensara pensaras pensara	pensáramos pensarais pensaran	pensaré pensarás pensará	pensaremos pensaréis pensarán	pensaría pensarías pensaría	pensaríamos pensaríais pensarían	g. pensando p. p. pensado
entendí entendiste entendió	entendimos entendisteis entendieron	entendiera entendieras entendiera	entendiéramos entendierais entendieran	entenderé entenderás entenderá	entenderemos entenderéis entenderán	entendería entenderías entendería	entenderíamos entenderíais entenderían	g. entendiendo p. p. entendido
conté contaste contó	contamos contasteis contaron	contara contaras contara	contáramos contarais contaran	contaré contarás contará	contaremos contaréis contarán	contaría contarías contaría	contaríamos contaríais contarían	g. contando p. p. contado
moví moviste movió	movimos movisteis movieron	moviera movieras moviera	moviéramos movierais movieran	moveré moverás moverá	moveremos moveréis moverán	movería moverías movería	moveríamos moveríais moverían	g. moviendo p. p. movido
pedí pediste pidió	pedimos pedisteis pidieron	pidiera pidieras pidiera	pidiéramos pidierais pidieran	pediré pedirás pedirá	pediremos pediréis pedirán	pediría pedirías pediría	pediríamos pediríais pedirían	g. pidiendo p. p. pedido
Même modèle pour : seguir, corregir, despedir, elegir, impedir, medir, servir, vestir.								
sentí sentiste sintió	sentimos sentisteis sintieron	sintiera sintieras sintiera	sintiéramos sintierais sintieran	sentiré sentirás sentirá	sentiremos sentiréis sentirán	sentiría sentirías sentiría	sentiríamos sentiríais sentirían	g. sintiendo p. p. sentido
Même modèle pour : divertir, mentir, preferir, sugerir.								
dormí dormiste durmió	dormimos dormisteis durmieron	durmiera durmieras durmiera	durmiéramos durmierais durmieran	dormiré dormirás dormirá	dormiremos dormiréis dormirán	dormiría dormirías dormiría	dormiríamos dormiríais dormirían	g. durmiendo p. p. dormido
Même modèle pour : morir.								
conocí conociste conoció	conocimos conocisteis conocieron	conociera conocieras conociera	conociéramos conocierais conocieran	conoceré conocerás conocerá	conoceremos conoceréis conocerán	conocería conocerías conocería	conoceríamos conoceríais conocerían	g. conociendo p. p. conocido
conduje condujiste condujo	condujimos condujisteis condujeron	condujera condujeras condujera	condujéramos condujerais condujeran	conduciré conducirás conducirá	conduciremos conduciréis conducirán	conduciría conducirías conduciría	conduciríamos conduciríais conducirían	g. conduciendo p. p. conducido
Même modèle pour deducir, introducir, producir, traducir, seducir.								

AUTRES VERBES IRRÉGULIERS

Infinitivo (infinitif)	Presente de indicativo (indicatif présent)		Presente de subjuntivo (subjonctif présent)		Imperativo (impératif)		Pretérito imperfecto de indicativo (indicatif imparfait)	
CAER *tomber*	caigo caes cae	caemos caéis caen	caiga caigas caiga	caigamos caigáis caigan	cae	caed	caía caías caía	caíamos caíais caían
DAR *donner*	doy das da	damos dais dan	dé des dé	demos deis den	da	dad	daba dabas daba	dábamos dabais daban
DECIR *dire*	digo dices dice	decimos decís dicen	diga digas diga	digamos digáis digan	di	decid	decía decías decía	decíamos decíais decían
ESTAR *être*	estoy estás está	estamos estáis están	esté estés esté	estemos estéis estén	está	estad	estaba estabas estaba	estábamos estabais estaban
HABER *aux. avoir*	he has ha	hemos habéis han	haya hayas haya	hayamos hayáis hayan			había habías había	habíamos habíais habían
HACER *faire*	hago haces hace	hacemos hacéis hacen	haga hagas haga	hagamos hagáis hagan	haz	haced	hacía hacías hacía	hacíamos hacíais hacían
IR *aller*	voy vas va	vamos vais van	vaya vayas vaya	vayamos vayáis vayan	ve	id	iba ibas iba	íbamos ibais iban
OÍR *entendre*	oigo oyes oye	oímos oís oyen	oiga oigas oiga	oigamos oigáis oigan	oye	oid	oía oías oía	oíamos oíais oían
PODER *pouvoir*	puedo puedes puede	podemos podéis pueden	pueda puedas pueda	podamos podáis puedan	puede	poded	podía podías podía	podíamos podíais podían
PONER *mettre, poser*	pongo pones pone	ponemos ponéis ponen	ponga pongas ponga	pongamos pongáis pongan	pon	poned	ponía ponías ponía	poníamos poníais ponían
QUERER *vouloir, aimer*	quiero quieres quiere	queremos queréis quieren	quiera quieras quiera	queramos queráis quieran	quiere	quered	quería querías quería	queríamos queríais querían
SABER *savoir*	sé sabes sabe	sabemos sabéis saben	sepa sepas sepa	sepamos sepáis sepan	sabe	sabed	sabía sabías sabía	sabíamos sabíais sabían
SALIR *sortir, partir*	salgo sales sale	salimos salís salen	salga salgas salga	salgamos salgáis salgan	sal	salid	salía salías salía	salíamos salíais salían
SER *être*	soy eres es	somos sois son	sea seas sea	seamos seáis sean	sé	sed	era eras era	éramos erais eran
TENER *avoir, posséder*	tengo tienes tiene	tenemos tenéis tienen	tenga tengas tenga	tengamos tengáis tengan	ten	tened	tenía tenías tenía	teníamos teníais tenían
TRAER *apporter*	traigo traes trae	traemos traéis traen	traiga traigas traiga	traigamos traigáis traigan	trae	traed	traía traías traía	traíamos traíais traían
VENIR *venir*	vengo vienes viene	venimos venís vienen	venga vengas venga	vengamos vengáis vengan	ven	venid	venía venías venía	veníamos veníais venían
VER *voir*	veo ves ve	vemos veis ven	vea veas vea	veamos veáis vean	ve	ved	veía veías veía	veíamos veíais veían

Pretérito indefinido *(passé simple)*	Pretérito imperfecto de subjuntivo *(subjonctif imparfait)*	Futuro *(futur)*	Condicional *(conditionnel)*	Gerundio Participio pasivo *(participe passé)*
caí caímos caíste caísteis cayó cayeron	cayera cayéramos cayeras cayerais cayera cayeran	caeré caeremos caerás caeréis caerá caerán	caería caeríamos caerías caeríais caería caerían	g. cayendo p. p. caído
di dimos diste disteis dio dieron	diera diéramos dieras dierais diera dieran	daré daremos darás daréis dará darán	daría daríamos darías daríais daría darían	g. dando p. p. dado
dije dijimos dijiste dijisteis dijo dijeron	dijera dijéramos dijeras dijerais dijera dijeran	diré diremos dirás diréis dirá dirán	diría diríamos dirías diríais diría dirían	g. diciendo p. p. dicho
estuve estuvimos estuviste estuvisteis estuvo estuvieron	estuviera estuviéramos estuvieras estuvierais estuviera estuvieran	estaré estaremos estarás estaréis estará estarán	estaría estaríamos estarías estaríais estaría estarían	g. estando p. p. estado
hube hubimos hubiste hubisteis hubo hubieron	hubiera hubiéramos hubieras hubierais hubiera hubieran	habré habremos habrás habréis habrá habrán	habría habríamos habrías habríais habría habrían	g. habiendo p. p. habido
hice hicimos hiciste hicisteis hizo hicieron	hiciera hiciéramos hicieras hicierais hiciera hicieran	haré haremos harás haréis hará harán	haría haríamos harías haríais haría harían	g. haciendo p. p. hecho
fui fuimos fuiste fuisteis fue fueron	fuera fuéramos fueras fuerais fuera fueran	iré iremos irás iréis irá irán	iría iríamos irías iríais iría irían	g. yendo p. p. ido
oí oímos oíste oísteis oyó oyeron	oyera oyéramos oyeras oyerais oyera oyeran	oiré oiremos oirás oiréis oirá oirán	oiría oiríamos oirías oiríais oiría oirían	g. oyendo p. p. oído
pude pudimos pudiste pudisteis pudo pudieron	pudiera pudiéramos pudieras pudierais pudiera pudieran	podré podremos podrás podréis podrá podrán	podría podríamos podrías podríais podría podrían	g. pudiendo p. p. podido
puse pusimos pusiste pusisteis puso pusieron	pusiera pusiéramos pusieras pusierais pusiera pusieran	pondré pondremos pondrás pondréis pondrá pondrán	pondría pondríamos pondrías pondríais pondría pondrían	g. poniendo p. p. puesto
quise quisimos quisiste quisisteis quiso quisieron	quisiera quisiéramos quisieras quisierais quisiera quisieran	querré querremos querrás querréis querrá querrán	querría querríamos querrías querríais querría querrían	g. queriendo p. p. querido
supe supimos supiste supisteis supo supieron	supiera supiéramos supieras supierais supiera supieran	sabré sabremos sabrás sabréis sabrá sabrán	sabría sabríamos sabrías sabríais sabría sabrían	g. sabiendo p. p. sabido
salí salimos saliste salisteis salió salieron	saliera saliéramos salieras salierais saliera salieran	saldré saldremos saldrás saldréis saldrá saldrán	saldría saldríamos saldrías saldríais saldría saldrían	g. saliendo p. p. salido
fui fuimos fuiste fuisteis fue fueron	fuera fuéramos fueras fuerais fuera fueran	seré seremos serás seréis será serán	sería seríamos serías seríais sería serían	g. siendo p. p. sido
tuve tuvimos tuviste tuvisteis tuvo tuvieron	tuviera tuviéramos tuvieras tuvierais tuviera tuvieran	tendré tendremos tendrás tendréis tendrá tendrán	tendría tendríamos tendrías tendríais tendría tendrían	g. teniendo p. p. tenido
traje trajimos trajiste trajisteis trajo trajeron	trajera trajéramos trajeras trajerais trajera trajeran	traeré traeremos traerás traeréis traerá traerán	traería traeríamos traerías traeríais traería traerían	g. trayendo p. p. traído
vine vinimos viniste vinisteis vino vinieron	viniera viniéramos vinieras vinierais viniera vinieran	vendré vendremos vendrás vendréis vendrá vendrán	vendría vendríamos vendrías vendríais vendría vendrían	g. viniendo p. p. venido
vi vimos viste visteis vio vieron	viera viéramos vieras vierais viera vieran	veré veremos verás veréis verá verán	vería veríamos verías veríais vería verían	g. viendo p. p. visto

L'alphabet 161
La prononciation 161
L'accent 161
- L'accent tonique 161
- L'accent grammatical 162

La ponctuation 162
L'orthographe 162
Les articles 162
- Les articles définis 162
- Les articles indéfinis 163
- L'article partitif 163
- L'article neutre lo 163

Le genre : masculin, féminin 163
- Le nom 163
- L'adjectif 163

Le nombre : singulier, pluriel 163
- Le nom 163
- L'adjectif 164

Les chiffres 164
- Les nombres cardinaux 164
- Les nombres ordinaux 164

L'expression de la quantité 165
Les prépositions 165
Les suffixes 165
- Les diminutifs 165
- Les augmentatifs 166

Le comparatif 166
Le superlatif 166
Les adverbes en -mente 166
L'apocope 166
Les adjectifs possessifs 167
- Devant le nom 167
- Après le nom 167

Les pronoms possessifs 167
Les adjectifs démonstratifs 167
Les pronoms démonstratifs 167
Les pronoms personnels 167
- Les pronoms personnels sujets 167
- Les pronoms personnels compléments 168

L'enclise 168
Les équivalents de « on » 168
La phrase négative et les négations 168
La coordination 169
Le vouvoiement 169
Les verbes du type gustar 169
L'expression de l'obligation 169
- L'obligation impersonnnelle 169
- L'obligation personnelle 169

Quelques traductions 170
- « demander » 170
- « manquer » 170
- « avoir besoin de » 170
- « avoir l'habitude de » 170
- « devenir » 170

La répétition 170
Les emplois de ser 170
Les emplois de estar 171
Le gérondif 171
- Formation 171
- Emploi 171

Le participe passé 172
- Formation 172
- Emploi avec haber 172

Les temps et les modes 172
- L'impératif 172
- Le conditionnel 172
- Le futur 172
- Le présent de l'indicatif 172
- Le passé simple 172
- Le passé composé 173
- Le plus-que-parfait 173
- L'imparfait de l'indicatif 173
- Le subjonctif présent 173
- Le subjonctif imparfait 173

Les pronoms relatifs 173

❶ L'alphabet

L'alphabet espagnol comprend 29 lettres.
Les lettres sont du genre féminin.

A	(la a)
B	(la be)
C	(la ce)
CH	**(la che)**
D	(la de)
E	(la e)
F	(la efe)
G	(la ge)
H	(la hache)
I	(la i)
J	(la jota)
K	(la k)
L	(la ele)
LL	**(la elle)**
M	(la eme)
N	(la ene)
Ñ	**(la eñe)**
O	(la o)
P	(la pe)
Q	(la q)
R	(la ere)
S	(la ese)
T	(la te)
U	(la u)
V	(la uve)
W	(la uve doble)
X	(la equis)
Y	(la i griega)
Z	(la zeta)

Les 3 lettres CH, LL et Ñ sont spécifiques de l'espagnol.

❷ La prononciation

– On prononce toutes les lettres sauf **h**.
el euro = el eu ro - *el aire* = el a i re
– il faut bien distinguer :
– **r**, **rr**, et **j**
la cara (r roulé) - *el perro* (r très roulé) - *la jaula* (râclement de gorge)
– **z**, **c** (devant **e** et **i**) et **s**
el zorro - *decir* (le « th » de l'anglais)
la casa (s dur, de « assez »)
– **v** se prononce comme **b**
la vaca - *la boca*
– **g** devant **i** et **e** se prononce comme **j**
el gitano - *el gesto*
– on ne prononce pas le **u** de **que**, **qui**, **gue**, **gui** (comme en français) *¡qué guitarra!*
– **en**, **on**, **an**, **in** ne doivent pas être nasalisés
entiendo – van – son - sintió

❸ L'accent

• L'accent tonique

Tous les mots espagnols de 2 syllabes et plus ont une syllabe que l'on prononce plus fort que les autres : on dit que cette syllabe est tonique (accentuée).

Quelle est la syllabe tonique d'un mot ?
– l'avant-dernière si le mot se termine par une voyelle, un **n** ou un **s**.
*ma**ña**na* - ***jo**ven* - *a**lum**nos*
– la dernière si le mot se termine par une consonne (sauf **n** et **s**).
*espa**ñol*** - *ha**blar*** - *profe**sor***

Quand cette règle n'est pas respectée, la syllabe tonique porte un **accent écrit**.
*Veinti**trés*** - *anti**pá**tica* - *lec**ción***

– Les mots qui diphtonguent
Une diphtongue est la réunion d'une voyelle forte (**a/e/o**) et d'une voyelle faible (**i/u**) dans une même syllabe qui se prononce en une seule émission de voix. La voyelle forte (**a/e/o**) est accentuée; si ce n'est pas le cas, la voyelle faible porte un accent **écrit**.
el pueblo - *el **au**la* - *el guía*

Remarque :
– La **syllabe tonique**, avec accent écrit ou pas, reste toujours la même lorsque le mot subit une transformation (passage au pluriel, conjugaison, enclise des pronoms, etc.); pour respecter sa position, il faut selon les cas ajouter ou supprimer l'accent écrit.

*el **jó**ven* → *los **jó**venes*
*dici**en**do* → *dici**én**dole*
*lecci**ó**n* → *lecci**o**nes*

• L'accent grammatical

– Il différencie deux homonymes qui ont des sens et des fonctions différentes dans la phrase.

tú	(tu)	*tu*	(ton, ta)
él	(il, lui)	*el*	(le)
sé	(je sais)	*se*	(se, le)
éste	(celui-ci)	*este*	(ce)
sí	(oui)	*si*	(si, exprimant une condition)
por qué	(pourquoi)	*porque*	(parce que)
sólo	(seulement)	*solo*	(seul)
cómo	(comment)	*como*	(comme)

– Les mots interrogatifs ou exclamatifs portent toujours un accent écrit.
¿qué? - ¿por qué?
¿cómo? - ¿cuándo? - ¿dónde?
¿quién, quiénes? - ¿de quién...? - ¿a quién?
¿cuál, cuáles? - ¿cuánto,a,os,as?

*¿**Cuándo** te vas?*
*¡**Qué** gato!*

4 La ponctuation

La phrase interrogative commence par un point d'interrogation renversé.
¿Dónde está?

La phrase exclamative commence par un point d'exclamation renversé.
¡Qué emoción!

5 L'orthographe

Seules les consonnes **c**, **r**, **l**, **n** peuvent être doublées.
un accidente - un perro - llama - la innovación

6 Les articles

• Les articles définis

Masculin		Féminin	
el	*el ojo*	*la*	*la cara*
los	*los labios*	*las*	*las niñas*

Le genre d'un mot peut être différent en français et en espagnol.
***el** coche* (la voiture)
***el** color* (la couleur)

Attention : on emploie **el** au lieu de **la** devant un nom féminin commençant par **a** ou **ha** accentué.
el agua

L'article contracté
Avec les prépositions **a** ou **de**, les articles définis singuliers se contractent en **al** ou **del**.
los profesores de + el colegio = los profesores del colegio
los alumnos van a + el colegio = los alumnos van al colegio

Quelques emplois de l'article défini
– pour exprimer l'heure
Son las dos de la tarde. (Il est deux heures de l'après-midi.)

– pour indiquer le jour de la semaine
Tenemos clase el lunes. (Nous avons cours lundi.)

– devant *señor, señora* suivis d'un nom propre:
el señor García (Monsieur García)

– pour exprimer un pourcentage
el 85 % de los alumnos (85% des élèves)

– pour exprimer l'âge
A los siete años (A sept ans)

On n'emploie pas d'article défini
– devant les mots **casa, caza, clase** employés de la manière suivante : *voy a clase, vuelven de caza, no están en casa*
– devant les noms de pays (sauf exceptions ou si une précision est apportée)
España es un país mediterráneo. (L'Espagne est un pays méditerranéen.)
Mais : *la España rural.* (l'Espagne rurale.)

– avec le superlatif **más**
Es el circo más divertido. (C'est le cirque le plus amusant.)

• Les articles indéfinis

Masculin		Féminin	
Un	*un collar*	*una*	*una sonrisa*

Le pluriel **unos/unas** ne s'emploie pas souvent.
Son amigos. (Ce sont des amis.)

Attention : on ne met pas d'article indéfini devant **otro**.
¿Quieres otro pastel? (Veux-tu un autre gâteau ?)

• L'article partitif

L'article partitif (du/de/de la) n'existe pas en espagnol.
Queremos pan y agua. (Nous voulons du pain et de l'eau.)

• L'article neutre lo

Lo est un article neutre invariable qui s'emploie dans des expressions comme :
lo que sabemos (ce que nous savons)
lo divertido es que (ce qui est amusant / ce qu'il y a d'amusant)
Il ne précède jamais un nom.

7 Le genre : masculin, féminin

• Le nom

Règle générale
– Les noms terminés en **-o** sont masculins :
el pelo, el libro…
Sauf *la foto, la moto, la mano…*
Certains noms en **-o** font leur féminin en **-a** :
el hijo / la hija

– Les noms en **-or** sont masculins:
el sudor (la sueur)
el color (la couleur)
Sauf : *la flor* (la fleur), *la coliflor* (le chou fleur), *la sor* (la sœur), *la labor* (le labeur)
Certains noms en **-or** font leur féminin en **-ora** :
el profesor / la profesora
– Les noms de montagnes et de fleuves sont masculins : *El Sena, El Ebro, Los Pirineos*
– Les noms terminés en **-a** sont féminins :
la carta, la mina
Sauf: *el día, el poeta, el poema, el problema, el tema, el sistema …*
– Les mots en **-ista** et **-ante** sont masculins ou féminins : *el / la guitarrista, el / la pianista, el / la estudiante*
D'autres terminaisons sont possibles : *la calle, la voz, la imagen, el rey, el placer…* On ne peut pas déduire leur genre grâce à leur terminaison.
– Les noms de nationalité prennent un **-a** au féminin: *el francés / la francesa ; el alemán / la alemana*

• L'adjectif

Règle générale
Les adjectifs terminés en **-o** prennent un **-a** au féminin : *alto / alta*
Les autres adjectifs sont invariables:
la casa gris (la maison grise)
el chico triste (le garçon triste)

Exceptions
– Les adjectifs terminés en **-án, -ín, -ón, -or** prennent un **-a** au féminin :
un chico burlón (un enfant moqueur)
una niña burlona (une fille moqueuse)
Sauf *mayor, menor, mejor, peor, superior, inferior, exterior, interior…*

– Les adjectifs de nationalité : *un libro alemán / una música alemana ; un nombre inglés / una familia inglesa*

8 Le nombre : singulier, pluriel

• Le nom

– Les noms terminés par une voyelle non accentuée prennent un **-s** au pluriel :
la plaza / las plazas; el parque / los parques

– Les noms terminés par une consonne, une voyelle accentuée ou un **-y** prennent **-es** au pluriel :
la capital / las capitales; el rey / los reyes; el maniquí / los maniquíes (les mannequins)

Exceptions : Les mots terminés par un **-z** remplacent **-z** par **-ces** : *la luz / las luces*

Remarque : les mots terminés par **-s** gardent généralement la même forme.
El miércoles (sg) / *los miércoles* (pl)
Mais: *el mes / los meses*

• L'adjectif

– Les adjectifs terminés par une voyelle prennent un **-s** au pluriel : *sucio / sucios* (sales)
– Les adjectifs terminés par une consonne prennent **-es** au pluriel : *oficial / oficiales*
– Les adjectifs de nationalité prennent **-es** (masculin) ou **-as** (féminin) au pluriel :
Los chicos son alemanes, las chicas son alemanas.

9 Les chiffres

• Les nombres cardinaux

0	*cero*	10	*diez*	20	*veinte*
	uno		*once*		*veintiuno*
	dos		*doce*		*veintidós*
	tres		*trece*		*veintitrés*
	cuatro		*catorce*		*veinticuatro*
	cinco		*quince*		*veinticinco*
	seis		*dieciséis*		*veintiséis*
	siete		*diecisiete*		*veintisiete*
	ocho		*dieciocho*		*veintiocho*
	nueve		*diecinueve*		*veintinueve*

30	*treinta*
	treinta y uno
	treinta y dos…

40	*cuarenta*
50	*cincuenta*
60	*sesenta*
70	*setenta*
80	*ochenta*
90	*noventa*

100	*cien/ciento*
200	*doscientos*
300	*trescientos*
400	*cuatrocientos*
500	*quinientos*
600	*seiscientos*
700	*setecientos*
800	*ochocientos*
900	*novecientos*

1000	*mil*
2000	*dos mil*
100 000	*cien mil*

Remarques :
– On emploie la conjonction **y** uniquement entre les dizaines et les unités :
ochenta **y** *dos - ciento sesenta* **y** *seis*
Mais on dira : *dos mil cuatro* (2004), *setecientos once* (711) (pas de dizaines, donc pas de conjonction)

– De 16 à 29 le chiffre s'écrit habituellement en un seul mot : *diecisiete, veinticinco* (attention à l'orthographe)

– **Uno** devient **un** devant un nom masculin :
un continente, veintiún países
– **Ciento** devient **cien** devant un nom ou un chiffre qu'il multiplie : *cien euros* ; *cien mil naves espaciales*
– Les centaines s'accordent comme des adjectifs :
quinientos siglos - doscientas horas

• Les nombres ordinaux

Primero
Segundo
Tercero
Cuarto
Quinto
Sexto
Séptimo
Octavo
Noveno
Décimo

Remarque
Ils s'accordent comme des adjectifs.
Primero et **tercero** deviennent **primer** et **tercer** devant un nom masculin singulier.
el primer rey (le premier roi)
(Voir l'Apocope de l'adjectif)

10 L'expression de la quantité

Mucho, mucha, muchos, muchas (beaucoup de)
Poco, poca, pocos, pocas (peu de)
Demasiado, demasiada, demasiados, demasiadas (trop de)
Bastante, bastantes (assez de)

Mucho, poco, demasiado, bastante employés devant un nom sont des adjectifs et s'accordent. Lorsqu'ils sont employés avec un adjectif ou un verbe, ils sont invariables.
Es demasiado fácil. (C'est trop facile.)

11 Les prépositions

Les prépositions espagnoles ont très souvent un **sens** et une **valeur** différents des prépositions françaises.

• La préposition **a** :
– Elle indique un **mouvement**
Van a la frontera. (Ils vont à la frontière.)
Voy al colegio. (Je vais au collège.)
– Elle annonce un **complément d'objet direct de personne**
Vemos al Rey. (Nous voyons le roi.)

• La préposition **en**
– Elle indique **l'endroit où l'on se trouve**
Están en Madrid. (Ils sont à Madrid.)
– Elle indique le temps, **l'époque où on se trouve**
Estamos en verano. (Nous sommes en été.)
– Elle peut servir à traduire « **sur** »
El libro está en la mesa. (Le livre est sur la table.)

• La préposition **por**
– Elle sert à traduire « **par** » (devant le complément d'agent de la phrase passive)
El ratón fue comido por el gato. (La souris a été mangée par le chat.)
– Elle exprime la **cause** (« à cause de » / « pour »)
No ha venido por la nieve. (Il n'est pas venu à cause de la neige.)
Te quiero por tu amabilidad. (Je t'aime pour ta gentillesse.)
– Elle indique un **déplacement** dans un lieu déterminé
Andan por el camino. (Ils marchent dans le chemin.)
– Elle s'emploie pour indiquer un **prix**
Lo compré por diez euros. (Je l'ai acheté 10 euros.)

• La préposition **para**
– Elle exprime le but
He comprado el regalo para ti. (J'ai acheté le cadeau pour toi.)
– Elle indique la direction
Me voy para Andalucía. (Je pars pour l'Andalousie.)
– Elle exprime le point de vue
Para él, es imposible. (Pour lui/à son avis, c'est impossible.)

• La préposition **de**
– Elle indique la **provenance**
Salgo de clase. (Je sors de cours.)
– Elle indique la **matière**
Mi cartera no es de plástico. (Mon cartable n'est pas en plastique.)
– Elle sert à **caractériser** quelqu'un ou quelque chose
El profesor de la corbata roja. (Le professeur à la cravate rouge.)
– Elle traduit l'idée **d'appartenance**
Este lápiz es de Miguel. (Ce crayon est à Miguel.)

12 Les suffixes

Ils sont nombreux en espagnol.

• Les diminutifs

-ito, -ita ***-illo, -illa*** ***-ico, -ica***
*mi abu**ela*** (ma grand-mère)
→ *mi abuel**ita*** (ma grand-mère chérie)
una casa (une maison)
→ *una cas**ita*** (une petite maison)
un pájaro (un oiseau)
→ *una pajar**illo*** (un petit oiseau)
un moreno (un brun)
→ *un moren**ico*** (un petit brun)

-cito, -cita ***-cillo, -cilla***
un café (un café)
→ *un cafe**cito*** (un petit café)
una canción (une chanson)
→ *una cancion**cilla*** (une petite chanson)

-ecito, -ecita
una flor (une fleur)
→ *una flor**ecita*** (une petite fleur)

Les augmentatifs

-azo, -azos ***-ón, -ona*** ***-ote, -ota***
ojos (des yeux)
→ *oj**azos*** (de grands yeux)
una oreja (une oreille)
→ *una orej**ona*** (une grande oreille)
una palabra (un mot)
→ *una palabr**ota*** (un gros mot)

13 Le comparatif

– Más… que…
*La geografía es **más** fácil **que** la historia.*
(La géographie est plus facile que l'histoire.)
– Menos… que…
*Hoy el suelo està **menos** limpio **que** ayer.*
(Aujourd'hui le sol est moins propre que hier.)
– Tan… como…
*No vives **tan** lejos **como** yo.*
(Tu n'habites pas aussi loin que moi.)

Comparatifs irréguliers :
bueno (bon) → *mejor* (meilleur)
malo (mal) → *peor* (pire)
grande (grand) → *mayor* (plus grand)
pequeño (petit) → *menor* (plus petit)

14 Le superlatif

Le superlatif absolu

Il se forme de deux façons :

– en ajoutant le suffixe **-ísimo, -ísima, -ísimos, -ísimas**
divertido/a → *divertidísimo/a*
fácil → *facilísimo/a*

– en employant **muy** + adjectif
muy divertido/a *muy fácil*

Le superlatif relatif

el más (le plus) **el menos** (le moins)
Ella es la más amable. (C'est la plus gentille.)

Mais : *Es el circo **más** divertido.*
(C'est le cirque le plus amusant.)
(**Attention :** pas d'article défini.)

15 Les adverbes en -mente

On ajoute ***-mente*** à l'adjectif féminin.
virtuoso → *virtuosa* → *virtuosamente*
singular → *singularmente*

16 L'apocope

L'apocope est la suppression d'une lettre ou d'une syllabe à la fin d'un mot.
Exemple en français :
le grand-père
la grand-mère
(grande devient grand)

L'apocope n'a lieu qu'au **singulier**.

– devant un nom masculin

uno	***un** chico*
primero	*el **primer** habitante*
tercero	*el **tercer** hombre*
bueno	*el **buen** momento*
malo	*un **mal** negocio*
alguno	***algún** amigo*
ninguno	***ningún** europeo*

– devant un nom masculin ou féminin

grande *un* ***gran*** *hombre* *una* ***gran*** *mujer*

Remarque : l'apocope se fait aussi dans d'autres cas. (Voir Les chiffres)

17 Les adjectifs possessifs

Il existe deux formes possibles.

• Devant le nom

mi	*nuestro, nuestra*
tu	*vuestro, vuestra*
su	*su*

Es mi caballo.

• Après le nom

mío, mía	*nuestro, nuestra*
tuyo, tuya	*vuestro, vuestra*
suyo, suya	*suyo, suya*

El caballito es mío.

Au pluriel ils prennent un **-s.**

Es nuestro profesor. *Son nuestros profesores.*

Attention aux sens de **su**. Il peut correspondre à « son », à « leur » ou à « votre » (pour *Usted*)

18 Les pronoms possessifs

Ils se forment en mettant l'article devant les adjectifs possessifs.

Es el mío/ la mía	*son los míos/ las mías*
Es el tuyo/la tuya	*son los tuyos/las tuyas*
Es el suyo/ la suya	*son los suyos/ las suyas*
Es el nuestro/ la nuestra	*son los nuestros/ las nuestras*
Es el vuestro/ la vuestra	*son los vuestros/las vuestras*
Es el suyo/ la suya	*son los suyos/ las suyas*

Es la mía. (C'est la mienne.)

Attention aux trois sens possibles de : *es el suyo* c'est le sien / c'est le leur / c'est le vôtre (Monsieur)

19 Les adjectifs démonstratifs

Ils traduisent les adjectifs démonstratifs français : ce/cette… (ici) / ce… (là) / ce… (là-bas)

Ils servent à situer et à se situer (dans l'espace et dans le temps)

este *perro*	***esta*** *fruta*	***estos*** *niños*	***estas*** *mesas*	AQUÍ(ici)
ese	***esa***	***esos***	***esas***	AHÍ (là)
aquel	***aquella***	***aquellos***	***aquellas***	ALLÍ (là-bas)

20 Les pronoms démonstratifs

Pour les former on ajoute un accent écrit aux adjectifs démonstratifs.

éste, ésta, éstos, éstas : celui-ci, celle-ci…

ése, ésa, ésos, ésas : celui-là, celle-là…

aquél, aquélla, aquéllos, aquéllas : celui-là là-bas, celle-là là-bas…

Prefiero ésta. (Je préfère celle-ci.)

Esto (ça), ***eso*** (cela), ***aquello*** (cela, là-bas) sont des formes neutres invariables.

Eso es. (C'est cela.)

21 Les pronoms personnels

• Les pronoms personnels sujets

yo	*nosotros, nosotras*
tú	*vosotros, vosotras*
él, ella, usted	*ellos, ellas, ustedes*

On emploie le pronom personnel sujet seulement pour insister ou éviter une confusion.
yo decía que ≠ él decía que

• Les pronoms personnels compléments

– employés sans préposition

compl. directs	compl. indirects	réfléchis
me	*me*	*me*
te	*te*	*te*
lo, le, la	*le*	*se*
nos	*nos*	*nos*
os	*os*	*os*
los, las	*les*	*se*

Ils sont placés **devant le verbe**.
La veo. (Je la vois.)
Le dicen. (Ils lui disent.)
Se equivoca. (Il se trompe.)
Mais ils peuvent aussi **se souder** au verbe (infinitif, gérondif, impératif): voir L'Enclise.

Le pronom personnel complément indirect est toujours placé devant le pronom personnel complément.
Se lo digo. (Je le lui dis.)

– suivis d'une préposition

a / de / por / para + *mí* / *ti* / *él, ella, usted* / *nosotros, nosotras* / *vosotros, vosotras* / *ellos, ellas, ustedes*

Remarque : avec **con**, attention aux formes
conmigo avec moi
contigo avec toi
consigo avec soi

22 L'enclise

L'enclise consiste à souder un pronom à la fin d'un verbe.
Elle est possible seulement avec
– l'infinitif *contar**os*** (vous raconter)
– le gérondif *siguiénd**ome*** (en me suivant)
– l'impératif *escríbe**las*** (écris-les)

23 Les équivalents de « on »

« On » a plusieurs équivalents en espagnol.

– Le plus courant est **se** + verbe conjugué.
L'accord se fait avec l'objet.
Se ve el sol. (On voit le soleil.)
Se ven los coches. (On voit les voitures.)
Se ve a los indios. (On voit les Indiens.)
Attention : il ne faut pas oublier la préposition **a** lorsqu'il s'agit de personnes.

– On peut aussi employer la troisième personne du pluriel.
Llaman a la puerta. (On frappe à la porte.)

– Et aussi **uno / una** + verbe conjugué
Uno cree que es fácil. (On croit que c'est facile.)

24 La phrase négative et les négations

– *no* *No voy contigo.* (Je ne vais pas avec toi.)

Il existe deux constructions possibles pour
– *nunca* *no cena nunca = nunca cena* (il ne dîne jamais)
– *nadie* *no come nadie = nadie come* (personne ne mange)
– *nada* *no saben nada = nada saben* (ils ne savent rien)
– *tampoco* *no viene tampoco = tampoco viene* (il ne vient pas non plus)

Autres négations :
– *ni* *ni pimientos ni ajo* (ni poivrons ni ail)

– ***ni siquiera*** *ni siquiera un minuto* (pas même une minute)

– ***ya no*** *ya no estamos de vacaciones* (nous ne sommes plus en vacances)

25 La coordination

y = « et » *señoras y señores*
Attention : **y** devient **e** quand le mot suivant commence par un **i** : *Paco e Isabel*

o = « ou » *dormir o soñar*
Attention : **o** devient **u** quand le mot suivant commence par un **o** : *diez u once*

pero = « mais »
El tren sale a las ocho pero llegaremos a las once.
Le train part à 8 heures mais nous arriverons à 11 heures.

Remarque
Dans la phrase négative, lorsque « mais » oppose deux mots ou groupes de mots, on utilise
– **no... sino**... *No es domingo sino sábado.*
(Ce n'est pas dimanche mais samedi.)

26 Le vouvoiement

– Si on vouvoie une personne, on utilise **usted** + 3ᵉ personne du singulier.
Usted es bailarín. (Vous êtes danseur.)

– Si on vouvoie plusieurs personnes, on utilise **ustedes** + 3ᵉ personne du pluriel.
Ustedes son actores. (Vous êtes acteurs.)

Remarque : vosotros/vosotras ne s'emploient que pour s'adresser à plusieurs personnes que l'on tutoie.

27 Les verbes du type gustar

(A mí) me gusta el cine.
(A ti) te gustan las vacaciones.

Quelques verbes du type **gustar** :
encantar (ravir)
ilusionar (faire rêver)
dar miedo (faire peur)
molestar (gêner)
doler (avoir mal)

Ces verbes sont utilisés à la **3ᵉ personne** du singulier ou du pluriel.
Ils se construisent avec les pronoms personnels compléments sans préposition (*me gusta*), et éventuellement avec les pronoms personnels compléments et la préposition **a** (*a mí me gusta*).

28 L'expression de l'obligation

Comme en français, il faut distinguer deux types d'obligation.

• L'obligation impersonnelle

hay que + infinitif
Hay que esperar. (Il faut attendre.)

Remarque
– **es preciso** + infinitif
– **es necesario** + infinitif
– **hace falta** + infinitif
sont des équivalents de **hay que**

• L'obligation personnelle

– **tener que** + infinitif
Tengo que esperar.
(Je dois attendre = il faut que j'attende)

– **deber** + infinitif
Debo estudiar.
(Je dois travailler = il faut que je travaille)

Remarque :
– **es preciso que** + subjonctif
– **es necesario que** + subjonctif
– **hace falta que** + subjonctif
sont des équivalents de **tener que**

29 Quelques traductions

• « demander »

Il ne faut pas confondre:

– **pedir**
Il signifie « demander quelque chose ».
Te pido una cosa, Juan; ayúdame.
(Je te demande une chose, Jean ; aide-moi.)

– **preguntar**
Il signifie « poser une question ».
Preguntar si / cómo… (demander si / comment…)
Preguntar, preguntar mucho (poser une question, beaucoup de questions)
Preguntar a alguien (demander à /interroger quelqu'un)

• « manquer »

On emploie le verbe **faltar**.
Faltan dos alumnos. (Il manque deux élèves.)

• « avoir besoin de »

On emploie le verbe **necesitar**.
Necesitamos dos mesas.
(Nous avons besoin de deux tables.)

Remarque :
Il n'y a pas de préposition « de » en espagnol.

• « essayer de »

On emploie:
– **tratar de**
– **intentar** + infinitif
– **procurar**
Intento ser amable. (J'essaie d'être gentil.)

• « avoir l'habitude de »

On emploie le verbe **soler** + infinitif
En abril solemos ir a Madrid.
(En avril nous avons l'habitude d'aller à Madrid.)

Remarque :
Il n'y a pas de préposition « de » en espagnol.

• « devenir »

On emploie les verbes:
– **ponerse** *Se puso furioso.* (Il est devenu furieux.)
– **volverse** *Se volvió famoso.* (Il est devenu célèbre.)
– **hacerse** *Se hizo pintor.* (Il est devenu peintre.)

30 La répétition

L'espagnol peut traduire l'idée de répétition de différentes façons.

On utilise:
– **volver a** + infinitif
– verbe + **de nuevo**
– verbe + **otra vez**
vuelve a hacer = *hace de nuevo* = *hace otra vez* (il refait)

31 Les emplois de ser

On emploie **ser** pour définir, présenter, décrire quelque chose ou quelqu'un en donnant une information sur les caractéristiques durables de la personne ou de l'objet.

– devant un **nom**
Rafael es mi hermano; y yo soy Matilde.
– devant un **pronom**
No era él.

– devant un **adjectif**, pour exprimer un caractère essentiel (durable dans le temps)
El niño es moreno. (L'enfant est brun.)
Es más joven que tú. (Il est plus jeune que toi.)

– pour indiquer la nationalité
Soy francesa.

– pour donner l'heure
Son las cinco.

– devant un chiffre
Somos treinta.

– pour indiquer la matière
La silla es de madera.

– pour exprimer la forme passive
La carta fue escrita por tu tío.
(La lettre a été écrite par ton oncle.)

32 Les emplois de estar

On emploie **estar** pour situer et pour décrire l'état temporaire d'une personne ou d'un objet.

– pour **situer** ou **se situer** dans l'espace ou dans le temps.
Il correspond au verbe français « se trouver ».
On l'emploie avec les prépositions servant à localiser :
en

cerca de (près de)	*lejos de* (loin de)
dentro de (à l'intérieur de, dans)	*fuera de* (hors de)
encima de (au-dessus de)	*debajo de* (au-dessous de)
delante de (devant)	*detrás de* (derrière)

Están en la cocina. (Ils sont dans la cuisine.)
Estamos en el siglo XXI.
(Nous sommes au XXIe siècle.)

– devant un **adjectif**, pour exprimer une situation peu durable
Ayer estaban contentos, hoy están tristes.
(Hier ils étaient contents, aujourd'hui ils sont tristes.)

– avec le **gérondif**, pour insister sur le déroulement d'une action
El avión está aterrizando.
(L'avion est en train d'atterrir.)

Cas particuliers :
ser bueno (être gentil)
≠ *estar bueno* (être en bonne santé)
ser malo (être méchant)
≠ *estar malo* (être malade)
ser moreno (être brun)
≠ *estar moreno* (être bronzé)

33 Le gérondif

Il correspond au participe présent français.
Il est invariable.

• Formation

– pour les verbes en **-ar**, terminaison en **-ando**
pescar → *pescando*
– pour les verbes en **-er/-ir**, terminaison en **-iendo**
hacer → *haciendo ; permitir* → *permitiendo*

Certains participes présents sont irréguliers ; voir Tableaux de conjugaison.
poder → *pudiendo*
pedir → *pidiendo*
decir → *diciendo*
venir → *viniendo*
seguir → *siguiendo*
dormir → *durmiendo*
leer → *leyendo*
huir → *huyendo*

• Emploi

Il insiste sur la durée, le déroulement, la continuité d'une action. Il est employé :

– **seul**
llegó gritando (il est arrivé en criant)
Attention : il n'y a pas de « en » en espagnol.

– avec **estar, ir** et **seguir**
Sigue cantando. (Il continue de chanter.)
Estoy comiendo. (Je suis en train de manger.)
Va cayendo la noche. (La nuit tombe.)

34 Le participe passé

• Formation

– pour les verbes en **-ar** terminaison en **-ado**
trabajar → *trabajado*
– pour les verbes en **-er/-ir** terminaison en **-ido**
entender → *entendido*
vivir → *vivido*

Certains participes passés sont irréguliers.
hacer → *hecho*
ver → *visto*
volver → *vuelto*
abrir → *abierto*
decir → *dicho*
escribir → *escrito*
Voir Tableaux de conjugaison.

• Emploi du participe passé avec l'auxiliaire haber

Voir le Passé composé dans les temps et les modes en espagnol et les Tableaux de conjugaison pour le verbe **haber**.

– le participe passé employé avec **haber** est toujours invariable
Son las cartas que te he escrito.
(Ce sont les lettres que je t'ai écrites.)

– on ne sépare jamais le participe passé et l'auxiliaire **haber**
No te he visto. (Je ne t'ai pas vu.)

– **haber** traduit les auxiliaires français « être » et « avoir »
Hemos llegado y hemos comido. (Nous sommes arrivés et nous avons mangé.)

35 Les temps et les modes

Pour le détail de la formation des temps, voir les *Recuerda y practica* et les Tableaux de conjugaison.

• L'impératif

Il est équivalent à l'impératif français, il est employé pour donner un ordre.
En espagnol, il existe aussi des formes correspondant à **usted** et à **ustedes**.

Remarque :
Pour former l'impératif négatif, on utilise **no** + subjonctif présent.

• Le conditionnel

Il est équivalent au conditionnel français.
cantaríamos (nous chanterions)

• Le futur

Le futur espagnol est employé comme en français pour exprimer une action future.
Mañana será miércoles. (Demain ce sera mercredi.)
La semana próxima iremos a Barcelona.
(La semaine prochaine nous irons à Barcelone.)

Remarque :
Il peut exprimer l'hypothèse.
Habrá llegado a las tres.
(Il a dû arriver à trois heures.)

• Le présent de l'indicatif

Il est équivalent au présent français.
Come a las dos. (Il mange à deux heures.)

• Le passé simple

Le passé simple est très employé en espagnol ; il exprime une situation passée et précise qui n'est plus liée au présent. Il correspond au passé simple français mais aussi au passé composé.

Ganaron la batalla. (Ils gagnèrent la bataille.)
Llegaron ayer. (Ils sont arrivés hier.)

• Le passé composé

Le passé composé exprime une action passée, mais récente et en lien avec le présent.
Il se forme avec l'auxiliaire **haber** et le participe passé.
Mi padre me ha firmado un cheque.
(Mon père m'a signé un chèque.)

• Le plus-que-parfait

Le plus-que-parfait se forme avec l'auxiliaire **haber** à l'imparfait et le participe passé.
Il est équivalent au plus-que-parfait français.
Habían dicho que el barrio era agradable.
(Ils avaient dit que le quartier était agréable.)

• L'imparfait de l'indicatif

Il est équivalent à l'imparfait français.
Decía que le gustaban las vacaciones.
(Il disait qu'il aimait les vacances).
Ibas a clase.
(Tu allais en classe.)

• Le subjonctif présent

On l'emploie :
– pour exprimer **le doute, la possibilité**
Es posible que *yo vaya a Valencia.*
(Il est possible que j'aille à Valence.)
No creo que *él pueda venir.*
(Je ne crois pas qu'il puisse venir.)
Quizás venga hoy … (Il viendra aujourd'hui peut-être …)
Tal vez *haga calor.* (Il fait peut-être chaud.)
Acaso *diga la verdad.* (Peut-être qu'il dit la vérité.)
Dudo que *quiera beber algo.*
(Je doute qu'il veuille boire quelque chose.)

– pour exprimer une **volonté**, un **désir**, un **souhait**, un **regret**
Temo que *diga la verdad.*
(Je crains qu'il ne dise la vérité.)
Lamento *que venga.*
(Je regrette qu'il vienne.)
Ojalá *tenga una buena nota.*
(Pourvu que j'aie une bonne note.)

– pour exprimer le but avec **para que**
… ***para que*** *sepáis…*
(…pour que vous sachiez…)

– dans la **subordonnée** après **cuando** lorsque la principale est au **futur**
Cuando *llegue tu amigo, estaremos de vacaciones.*
(Quand ton ami arrivera, nous serons en vacances.)

– pour exprimer **l'ordre indirect**
Te digo *que salgas.* (Je te dis de sortir.)
Os ***pedimos que*** *contestéis.*
(Nous vous demandons de répondre.)
El profesor ***quiere que*** *nosotros escribamos.*
(Le professeur veut que nous écrivions.)

– pour exprimer une **défense** (un ordre négatif)
No te vayas. (Ne t'en va pas.)

– avec les **verbes d'obligation**
Es necesario que *veáis…* (Il faut que vous voyez…)
Es preciso que *estéis…*(Il faut que vous soyez…)

• Le subjonctif imparfait

– Il exprime la **condition**.
Si fuéramos amigos, me lo dirías.
(Si nous étions amis, tu me le dirais.)

– Il s'emploie systématiquement après **como si**
Me habló como si no me conociera.
(Il m'a parlé comme s'il ne me connaissait pas.)
… *como si fuera un* … (… comme si c'était un …)
… *como si quisiera* … (… comme s'il voulait …)

– La concordance des temps.
Il s'emploie dans les mêmes cas que le subjonctif présent mais lorsque le verbe de la principale est au passé.

Au présent :
Quiero que obedezcas. (Je veux que tu obéisses.)
Au passé :
Quería yo que obedecieras. (Je voulais que tu obéisses.)

36 Les pronoms relatifs

que - el que - el cual - quien - cuyo

Que est le pronom relatif le plus utilisé ; il peut traduire tous les relatifs français. Il est invariable. L'antécédent peut être une chose ou une personne. Il peut être sujet ou complément.
*El chico **que** conozco.*
(Le garçon que je connais.)
*La chica **que** habla es mi amiga.*
(La fille qui parle est mon amie.)

Il peut être employé avec une préposition.
*El lugar **en que** estamos.*
(L'endroit où nous nous trouvons.)

Remarque :
En que correspond à « où » ; on peut aussi employer **donde**.

– **El cual** (**la cual, los cuales, las cuales**) et **lo que** (**la que, los que, las que**) peuvent être employés à la place de **que** lorsqu'il est complément. Ils sont souvent employés avec une préposition.
*La película **de la que** te hablé.*
(Le film dont je t'ai parlé.)
*El colegio **en el cual** estudio.*
(Le collège où j'étudie.)

– **Quien** (**quienes**) peut être employé à la place de **que** lorsque l'antécédent est une personne. Il est utilisé quand la relative est explicative.
Attention : il ne faut pas oublier la préposition **a** lorsqu'il est complément.
*El amigo **a quien** he dado mi dirección se llama Pedro.*
(L'ami à qui j'ai donné mon adresse s'appelle Pedro.)
Il peut aussi être employé avec une préposition.
*Los artistas **de quienes** hablo son argentinos.*
(Les artistes dont je parle sont argentins.)

– **Cuyo** (**cuya, cuyos, cuyas**) sert à traduire « dont », lorsqu'il exprime un sentiment d'appartenance et détermine un nom. Il se construit sans article, précède immédiatement le nom et s'accorde avec lui. Il correspond à « dont le, dont la… ».
*Un chico **cuya** cartera es roja.*
(Un garçon dont le cartable est rouge.)
Il peut être précédé d'une préposition.
*La chica **en cuya** familia vivo.*
(La fille dans la famille de laquelle je vis.)
« Dont » est dans les autres cas rendu par **del que, de quien**…

TABLE DES ILLUSTRATIONS

9 ph © P. Coll / AGE / Hoa Qui
11-h ph © Carrusan / Cover
11-m ph © S. Botterill / Vandystadt
11-b ph © Kobal Collection
13 ph © F. Scianna / Magnum
15-g ph © A. Pastor
15-d ph © A. Ross / Photodisc / Getty Images
16 ph © S. Larrain / Magnum
17 ph © AKG, Paris © Succession Picasso, Paris, 2002
18 ph © E. Cobo / EFE
18/19-h ph © A. Millan / Pool / EPA / EFE / AFP
18/19-b ph © Pinate / Pernia / Sacristan / Cover
19-h ph © J.-P. Muller / STF / AFP
19-b ph © EFE / Sipa Press
23 ph © P. Vivas / Triangle Postals
25-h ph © M. Raurich / Iberimage
25-m ph © P. Cade / Getty Images
25-bg ph © J. Longás / Iberimage
25-bd ph © M. Loiseau / Getty Images
27 ph © M. Castro / Urba Images
28 © Mique Beltrán
29 © María Carmen Batidor Llabrés
30 © Herederos de Josep Escobar / Ediciones B S.A., Barcelona
32 ph © Santos Cid © Isabel Villar
33 ph © Fujifilm España, S.A.
34 ph © L. Pines / Photonica / El Semanal
35 ph © Color Day Production / Getty Images
36-g ph © Institut Monétaire Européen, 2001, Banque Centrale Européenne
36-md ph © S. Frances / Hémisphères
36-bd ph © P. Wysocki / Hémisphères
37-hg ph © M. Colin / Hémisphères
37-hd ph © D. Meyer / STF / AFP
37-mg ph © B. Gardel / Hémisphères
37-bg ph © M. Spancer / Ask Images
41 ph © P. Ginter / Material World / Cosmos
42 ph © Ministerio de Economía, Madrid
44 © Rafa Ramos, DR
45 ph © J. Riley / Getty Images
47 © 1992 Orli Verlag N.V.
48 © Blanca Vernis © DR
49 © Quino
50 ph © DR
51 ph © Q&A Grupo de Comunicación
52-g ph © Eye Ubiquitous / Corbis
52-hd ph © R. Mattes / Explorer / Hoa Qui
52-bd ph © P. Menzel / Material World / Cosmos
53-h ph © Valentin / Hoa Qui
53-m ph © P. Adams / Getty Images
53-b ph © M. Busselle / Corbis
57 ph © M. Velando / CONTACTO
58 ph © Montesa Honda, S.A.
59 © Abel Quezada © DR
60 ph © Index / Giraudon / Bridgeman © Salvador Dalí, Fondation Gala-Salvador Dalí / ADAGP, Paris 2002
61 © Avec l'aimable autorisation de Hallmark Cards Ibérica, S.A.
62 © Mique Beltrán
63 ph © B. Jolivalt / Getty Images
64 © Quino
65 © Quino
66 ph © DR
67 © 2001 Orli Verlag N.V.
68 ph © A. Barrio
69-h ph © A. Cavalli / Getty Images
69-b ph © FPG / Getty Images
73 ph © Agència Valenciana del Turisme
75 ph © L. Tejido / EFE
76 ph © J. Costa / Cover
77 ph © DR
78 ph © Gobierno de Navarra
80 © Herederos de Josep Escobar / Ediciones B S.A., Barcelona
81 ph © A. Pastor
83 ph © Grazia Nidasio
84 ph © A. Cavalli / Getty Images
85-hg ph © M. Gunther / Bios
85-md ph © C. O'Rear / Corbis
85-bg ph © De Wilde / Hoa Qui
85-bd ph © K. Houghton / Corbis
89 ph © C. Muñoz-Yagüe / Hémisphères
90 ph © Eye Wire Collection / Getty Images
91 ph © Codensa
93-h ph © G. Bouys / STF / AFP
93-b © Telecinco
94-h © Maitena, publicada originalmente en el libro Mujeres Alteradas
94-b ph © A. Bouquet
95 © Communautés européennes, 1995-2002
96 © Abel Quezada © DR
97 ph © Burke/Triolo Productions/Getty Images
98 ph © J.G. Berizzi/RMN © Succession Picasso, Paris, 2002
99 ph © AKG, Paris
100-g © Succession Picasso, Paris, 2002
100-d ph © Oroñoz / Artéphot
101-h San Francisco Museum of Modern Art ph © Ben Blackwell © 2002 Banco de México Diego Rivera y Frida Kahlo Museums Trust. Av. Cinco de Mayo No. 2, Col. Centro, Del. Cuauhtémoc 06059, México, D.F. / reproducción autorizada por el Instituto Nacional de Bellas Artes y Literatura
101-m © 1982, Plaza & Janés Editores, S.A. Nuevas Ediciones de Bolsillo, S.L.
101-b ph © P. Canino © Fernando Botero
105 ph © M. Borgese / Hémisphères
106 © Abel Quezada © DR
107 ph © Akí
108 © Pioneer © DR
109 © Successió Miró / ADAGP, Paris 2002
110 © Patronat de turisme de la Diputació de Tarragona
111 ph © FEVE
112 ph © J. Devenney / Getty Images
113 © Herederos de Josep Escobar / Ediciones B S.A., Barcelona
114 ph © B. Gardel / Hémisphères
115 © Grazia Nidasio
116-g ph © E. Morenatti / EFE
116-d ph © L. Rauch / AP Photo / Sipa Press
117-g ph © K. Nogi / AFP / EPA / EFE
117-d ph © José Mª Alguersuari
121 ph © P. Chesley / Getty Images
122 ph © G. Jioux / Hémisphères

TABLE DES ILLUSTRATIONS (suite)

123 ph © Carlos Aguilera / Muy Interesante
124 © Herederos de Josep Escobar / Ediciones B S.A., Barcelona
126 ph © 2001 Gorillaz Partnership
127 ph © P. Menzel / Cosmos
129 ph © Ayuntamiento de Madrid
130-hd ph © P. Elvira / Cover
130-m ph © J.L. Cereijido ARCHIVO / EFE
130-b ph © H. G. Roth / Corbis
131-m ph © Q. Llenas / Cover
131-b ph © O. Franken / Corbis
135 © Turgalicia
136-h, b ph © G. Dagli Orti
137 ph © C. Muñoz-Yagüe / Hémisphères
138-h ph © C. et J. Lenars / Corbis
138-b ph © O. Torres / AFP
139 ph © C. et J. Lenars / Corbis
140-h ph © Santi Burgos / Diario El País, S.A.
140-b ph © Agència Valenciana del Turisme
141-h ph © R. Van Der Hilst / Getty Images
141-b ph © S. Dorantes / Corbis
142-h, b ph © Andrés García / EFE
143-h ph © J. Belver / EFE
143-b ph © Pepe Caballero /20 Minutos de Madrid y M@s
144-h ph © P. Wysocki / Hémisphères
144-b ph © B. Barbier / Hémisphères
145 ph © J. Horner / Hoa Qui
146 ph © M. Borgese / Hémisphères
147 ph © AGE / Photononstop
148-h ph © S. Frances / Hémisphères
148-b ph © O. Franken / Corbis
149-h ph © A. Dalmau / EFE
149-b ph © B. Gardel / Hémisphères

Droits Réservés : malgré nos efforts, il nous a été impossible de joindre certains photographes ou leurs ayant-droits ainsi que des éditeurs ou leurs ayant-droits de certains documents pour solliciter l'autorisation de reproduction, mais nous avons naturellement réservé en notre comptabilité les droits usuels : Abel Quezada : p. 59, 96, 106 ; Rafa Ramos p. 44 ; Blanca Vernis p. 48 ; Pioneer p. 108.

CRÉDITS BIBLIOGRAPHIQUES

Agencia Carmen Balcells : pp. 16, 40, 61, 96, 111, 141
Agencia Mercedes Casanovas : pp. 32, 108, 134
Agencia Raquel de la Concha : pp. 29, 45,76
Alianza : pp. 43, 143
Anagrama : p. 48
Anaya : pp. 13, 46, 66, 75, 82
Ediciones B : p. 49
Ediciones Cátedra : pp. 79, 99
Editorial Clan : p. 139
Por autorización de la Editorial Edaf : pp. 81, 147
Editorial Escuela Española : p. 88
Editorial Espasa-Calpe : p. 142
Editorial La Galera : pp. 97, 98
Ediciones Gaviota : p. 145
Guías azules de España : pp. 148, 149
Ediciones Hiperión : p. 35
Iberautor Promociones culturales : p. 59
Por cortesía de Muy Interesante : p. 127
Editions Nathan : p. 27
Santillana : pp. 30, 33, 47, 63, 92, 114, 138, 149
Ediciones SM : pp. 50, 60, 64, 90, 106, 109, 112, 122, 126, 128, 140
Vicens Vives : p. 25

Iconographie
Brigitte Célérier assistée de Marjorie Le Manchec
et Clémence Zagorski / Hatier Illustration

Illustrations
François San Millán
Jean-Marie Renard

Cartographie
Édigraphie

Conception graphique
Massimo Miola

Réalisation
Atelier Michel Ganne

Photogravure
Point Carré

Impression
Imprimerie Maury
DL N°22374 - Juin 2002

CANADÁ
ESTADOS UNIDOS
Tijuana
Ciudad Juárez
Monterrey
OCÉANO ATLÁNTICO
Trópico de Cáncer
MÉXICO
La Habana
CUBA
REPÚBLICA DOMINICANA
Guadalaja
Querétaro
Veracruz
México
Santo Domingo
BELICE
JAMAICA
HAÏTI
Acapulco
Belmopán
Kingston
Puerto Príncipe
PUERTO RICO
San Juan
GUATEMALA
Guatemala
Tegucigalpa
GUADALUPE
MARTINICA
San Salvador
NICARAGUA
EL SALVADOR
Managua
Cartagena
TRINIDAD Y TOBAGO
Puerto España
Maracaibo
Caracas
San José
Panamá
HONDURAS
Medellín
VENEZUELA
Georgetown
COSTA RICA
GUYANA
Paramaribo
Cayena
Bogotá
GUAYANA FRANCESA
PANAMÁ
COLOMBIA
SURINAM
Islas Galápagos (Ec.)
Ecuador
Quito
ECUADOR
PERÚ
BRASIL
Lima
Cuzco
OCÉANO PACÍFICO
BOLIVIA
Arequipa
La Paz
Brasilia
Copacabana
Sta Cruz
Sucre
Potosí
Iquique
Chuquicamata
PARAGUAY
Antofagasta
Asunción
Trópico de Capricornio
Tucumán
CHILE
ARGENTINA
Isla de Pascua (Chile)
Córdoba
Valparaiso
URUGUAY
Rosario
Santiago
Montevideo
Buenos Aires
Concepción
Mar del Plata
Bahía Blanca
SIERRA MADRE
OCÉANO ATLÁNTICO
POPOCATEPELT 5 452 M
Islas Malvinas (Reino Unido)
Punta Arenas
Ushuaia
AMAZONAS
OCÉANO PACÍFICO
CORDILLERA DE LOS ANDES
PARAGUAY
PATAGONIA
Capitales
Ciudades principales
0
1000 km